Elie Wiesel

Gezeiten des Schweigens

HERDER / SPEKTRUM
Band 4154

Das Buch

Ein großer, oft erschreckender Roman des Friedensnobelpreisträgers: und doch ein Buch der Verheißung. Im Zentrum steht das Lebensthema Elie Wiesels: die Gleichgültigkeit des bloßen Zuschauers. Michael, der junge Held dieses Romans, ist ein Entkommener, einer der die Schrecken und den Wahnsinn „der Nacht" hinter sich hat. Er macht sich auf eine gefährliche Reise, zurück in die Vergangenheit, in die Stadt seiner Kindheit, seiner Deportation. Michael wird verraten, vom gleichen „Zuschauer" wie damals, verhaftet und gefoltert. In dieser Folter, „Gebet" genannt, weil der Gefangene beim Verhör – wie die Juden beim Beten – steht, bleibt Michael standhaft. Er setzt sich den brennenden Fragen seines Lebens aus, das in einem inneren Drama Gestalt annimmt. Es sind Fragen an Gott und an die Menschen. Ein Roman über Verzweiflung und Glauben, über den Haß, aber auch über Freundschaft, über das Leben und über die Chancen der Rettung vor dem Irrsinn des Bösen.

Der Autor

Elie Wiesel, geb. 1928 in Sighet (Siebenbürgen), weltbekannter Schriftsteller und Gelehrter, Friedensnobelpreisträger, Professor in Boston, lebt in New York. Zahlreiche literarische und akademische Auszeichungen, einer „der ganz großen Schriftsteller unserer Zeit" (New York Times). In Herder/Spektrum: Den Frieden feiern. Mit einer Vorrede von Václav Havel (Band 4019); Der fünfte Sohn. Roman (Band 4069).

Elie Wiesel

Gezeiten des Schweigens

Roman

Aus dem Französischen von
Curt Meyer-Clason

Herder
Freiburg · Basel · Wien

*„Ich habe einen Plan:
verrückt zu werden."*

DOSTOJEWSKI

Titel der französischen Originalausgabe:
La ville de la chance

Herstellung: Freiburger Graphische Betriebe 1992
Umschlaggestaltung: Joseph Pölzelbauer
Umschlagmotiv: Kasimir Malewitsch, Das rote Haus, 1932,
Russisches Museum, St. Petersburg
ISBN 3-451-04154-5

Erstes Gebet

Jäh, ohne Warnung, wie die schwere Faust eines Bösewichts, ist draußen die Dämmerung auf die Stadt gefallen. Auf die niederen Häuser mit ihren roten und grauen Dächern, auf die lebendige Ringmauer der Ameisen, die den Friedhof umschließt, auf die unruhig dreinblickenden Hunde. Nirgends ein Licht. Alle Fenster sind blind, die Straßen fast verlassen. Nur auf dem Platz vor dem Stadttheater läßt sich die alte Martha, die amtliche Säuferin der Gemeinde, nach Herzenslust gehen. Sie hat die ganze Stadt für sich, und ihre Schaustellung besteht in einer Art Teufelsrausch. Sie tanzt, sie hebt ihre weiten Röcke, sie zeigt ihren nackten, krätzigen Bauch, sie beschreibt unzüchtige Gebärden, sie stößt Schmähungen aus und schleudert Flüche in alle Winde. Glückselig spielt sie vor dem Weltall, ihrem Spiegel, wie vor Zuschauern.

„Was sagst du?"

Michael öffnete die Augen. Es war die Stimme eines Menschen, der ein Fremder in dieser Stadt war. Sie trug ihm keine Erinnerung, keine Fülle zu.

„Nichts", antwortete er. „Ich habe nichts gesagt."

Er kehrte zu seinen Bildern zurück. Der Metzger bindet seinen blutbeschmierten Schurz ab, heute kommt kein Kunde mehr. Beim Krämer, gegenüber der Kirche, bekreuzigt sich eine junge Bäuerin und murmelt ein Gebet. Nervös wiehert auf dem Hauptplatz das Pferd des grünen Bäckerwagens. Auch der Bäcker wartet gespannt, er ist Auge und Ohr. Die Faust schließt sich immer enger. Die Stadt scheint sich zusammenzuziehen. Die Häuser ducken sich, die Bäume werden kleiner. Plötzlich macht sich eine andere Gefahr bemerkbar: die Berge, die die Stadt umgeben. Man könnte meinen, das Ende der Welt sei gekommen.

„Was sagst du?"

„Nichts", antwortete Michael. „Ich habe nichts gesagt."

„Ich dachte, du hättest etwas gemurmelt."

„Ich habe gesagt, das Ende der Welt sei gekommen."

„Es wird dein Ende sein, wenn du nicht bald reinen Tisch machst!"

Die Stimme des Offiziers in seinem Rücken klingt ruhig, unbewegt, frei von jeder Ungeduld oder Teilnahme.

„Du bist ein Trottel, weiter nichts", fährt der Offizier fort. „Du glaubst, du kannst durchhalten. Du hältst dich für stark. Das haben andere vor dir auch geglaubt. Einen Tag, zwei Tage, drei Tage ... Schließlich haben sie alle gesprochen. Auch du wirst sprechen. Du willst warten? Also gut. Warten wir. Ich habe Zeit. Du willst spielen? Gut, spielen wir. Aber ich warne dich: das Spiel ist ein Schwindel, das Resultat steht von vornherein fest. Du verlierst. Du hast schon verloren. In diesem Raum wird jeder gesprächig, ohne es zu wollen. Bald, in einer Stunde, vielleicht auch erst in drei Tagen, wirst du anfangen zu schreien, zu brüllen. Du wirst froh sein, wenn du auspacken, wenn du alles sagen darfst. Jede Minute wird das Gewicht deiner Last vermehren. Du wirst es in den Beinen spüren. Hier, bei uns, werden die Beine geschwätzig."

Plötzlich entlud sich das Gewitter. Blitze zerrissen den Himmel. Der Wind begann zu heulen wie eine tausendköpfige wildgewordene Herde. Der Offizier verstummte, und Michael kehrte in seine Stadt zurück. Er machte sich nichts aus sanftem Regen, er liebt das Gewitter. Er sieht gerne zu, wenn die Natur sich erhebt. Auf dem Meer, allein auf Deck, hoffte er immer, eine starke Dünung zu erleben. An Land zog ihn auf der Straße, auf den Feldern stets ein Ungewitter in seinen Bann. Noch jetzt sieht er sich dem Marktplatz zustreben, den Aufruhr der windgepeitschten Bäume im Ohr. Die alte Martha ist da. Sie tanzt, sie singt, sie kreischt, sie dreht Pirouetten, als wolle sie ein Naturelement, ein Teil des Chaos werden. Mit einemmal sieht sie ihn und bricht verblüfft ab. Für den Bruchteil einer Sekunde hält das Tier den Atem an. Das Gewitter bleibt an ihren Lippen hängen. Dann, auf ein Zeichen der Betrunkenen, setzt das Getöse wieder ein, und die Nacht spuckt wiederum Feuer und Flammen.

„Wer bist du?" ruft Martha.

Michael bleibt stumm. Sie flößt ihm Angst ein. Mit ihrem verwüsteten, welken Körper ist sie so häßlich und alt, daß die ganze Stadt sie für ihre eigene Urgroßmutter hält.

„Wie heißt du, Kleiner?"

Sprachlos blickt Michael in das vertrocknete Gesicht. So hat er sie noch nie gesehen. Die Kinder liefen mit Vorliebe hinter ihr her und bewarfen sie mit Kieselsteinen; sobald sie sich aber umdrehte, rannten sie, von einer Heidenangst gejagt, schleunigst davon. Dann versuchte sie die Rangen einzuholen und schrie: „Ihr werdet in den Straßendreck fallen. Und eure Augen dazu ..."

„Du willst mir's nicht sagen?"

„Nein."

„Warum nicht? Mache ich dir Angst?"

„Ja."

„Wieso mache ich dir Angst?"

Ein kurzer Abstand trennt sie. Michael sagt sich: wenn sie einen einzigen Schritt macht, laufe ich weg.

„Man sagt allerhand von Ihnen."

„Was?"

Befangen senkt er den Blick.

„Daß Sie eine Hexe sind. Daß Sie die Frau vom Satan sind. Lilith, die Frau des Königs der Teufel."

„Und das glaubst du?"

„Nein, nicht ganz. Lilith ist schön, jung, verführerisch, ich weiß. Es steht in den Büchern."

Die Säuferin scheint das allegorische Kompliment nicht zu schätzen. Sie schäumt vor Wut, schüttelt die Faust gegen den kleinen Jungen, und ihre Stimme wird noch schriller und kreischender:

„Wie blöd du bist! Ich bin doch schön, jung, verführerisch. Komm, liebe mich, und du wirst sehen, wie schön mein Leib, wie jung mein Blut ist. Komm! Wir lieben uns auf der Stelle, hier auf der Straße, in der Gosse. Du wirst der Mittelpunkt der Welt, das Herz des Gewitters sein. Was sagst du dazu?"

Michael geht der Atem noch schwerer. Mit gespreizten Beinen und spöttischem Blick schaut die Alte ihm ins Gesicht.

„Nun?" fragt sie.

„Ich verstehe nicht", antwortete er.

„Was verstehst du nicht?"

„Die Liebe."

„Niemand versteht sie. Man kann sie nur negativ erklären. Die Liebe ist nicht dies, sie ist auch nicht das, sondern etwas anderes. Immer etwas anderes."

„Und sich lieben? Was bedeutet das?"

„Sich lieben, Kleiner, heißt so tun, als ob man sich liebt. Das ist schon viel."

Die Alte macht einen Schritt auf ihn zu. Der Junge bekommt es mit der Angst zu tun. Er will fliehen. Sie merkt es, und ihre Augen werden glühende Kohlen:

„Du willst mich verlassen, wie? Du willst nicht bei mir bleiben? Wenn es so ist, höre, was ich dir zu sagen habe. Hör gut zu: es stimmt, ich schlafe mit Satan, ich bin seine Frau und seine Geliebte. Ich trage sein Kind in meinem Leib. Aber ich bin nicht wie andere Frauen. Ich brauche länger als neun Monate, um zu gebären. Mein Kind ist die ganze Welt – du, deine Freunde. Ich behalte mein Kind bei mir, in mir, in meinem Bauch, hundert Jahre, tausend Jahre. Ihr alle seid in meinem Bauch. Ihr stinkt von meinem Blut, ihr zappelt in meinen Eingeweiden. Und ihr glaubt, ihr seid rein? Ihr haltet euch für sauber? Ihr seid mir widerlich, ihr macht mich lachen – so widert ihr mich an!"

Darauf spuckt sie in den Straßenschmutz, und Michael, der kaum acht, neun oder zehn Jahre alt ist, macht auf den Fersen kehrt und rennt davon. Er ist bis auf die Haut durchnäßt. Glücklicherweise wohnt er nicht weit, nur vier Straßen entfernt. Es ist das Eckhaus der *Kigyó utca* und der *Kamàr utca.* Sicherlich warten seine Eltern schon unruhig auf ihn: er hätte schon längst vom Cheder, von der Kinderschule, zurück sein müssen.

Michael fragt sich, wie er seine Verspätung erklären soll. Er möchte es überlegen, eine Antwort ausdenken, aber Martha läuft hinter ihm drein und schreit wütend: „Ich krieg' dich schon! Du entwischst mir nicht! Ich werde die Verzweiflung sein auf deiner Zunge und die Dürre in deinem Herzen! Nachts werde ich deine Qual bewohnen, und tags werde ich die Sonne vereisen! Alle werden dich verdammen und verwerfen, das sage ich dir!"

Glücklicherweise fällt Michael rasch ein Gebet ein, das dem Menschen Macht über die Abgesandten Aschmedais, des Königs der Finsternis, verleiht und das er mehrmals aufsagt: *Schadai jischmorenu wejazilenu mikol ra* – Der Allmächtige behüte mich vor allem Übel." Plötzlich bemerkt er nicht mehr die Schritte der Trinkerin in seinem Rücken. Und schon steht das Elternhaus vor ihm. Keuchend heftet er mit zwei Fingern einen Kuß auf die *Mesusa* und stößt die Tür auf. Statt des Vaters empfängt ihn eine Stimme: „Hast du noch nicht genug vom Beten?" Es ist nicht die Stimme seines Vaters. Michael ist erstaunt. Wer ist es denn? Wo ist Vater? Und warum spricht der Mann Ungarisch und nicht Jiddisch?

„Hast du noch nicht genug vom Beten, was?"

Der Traum zersplittert in tausend Stücke. Die Zelle, die Wand, die eintönige Stimme des Offiziers. Wie viele Stunden sind inzwischen vergangen? Der Sprung von einer Welt in die andere hat jedes Zeitgefühl getötet. Er hat keinen Anhaltspunkt mehr. Es hätten ebensogut eine wie sieben Stunden sein können. Nur nicht acht Stunden, das sagte ihm die Tatsache, daß der erste Offizier noch immer da war. Er wußte, daß er nach acht Stunden von einem anderen Offizier abgelöst wurde.

Das ist also das Gebet, das berühmte Gebet, dachte Michael. Die von einem erfahrenen Folterknecht so benannte Folter zielt darauf ab, den Widerstand des Gefangenen dadurch zu brechen, daß er bis zur Bewußtlosigkeit stehen muß. Da die Juden stehend beten, trägt diese Folter den Namen Gebet. Man stellt den Gefangenen an die Wand, Tage und Nächte hindurch, ohne daß er sich bewegen oder anlehnen darf. Dagegen darf er die Augen schließen, er darf sogar einschlafen – solange es ihm gelingt, nicht die Wand zu berühren. Er darf auch nicht die Beine verschränken. Alle acht Stunden wird er in den Waschraum geführt und findet bei seiner Rückkehr den neuen Offizier vom Dienst vor. Die meisten Gefangenen halten es keine vierundzwanzig Stunden aus.

Der Oberst, vor den Michael unmittelbar nach seiner Verhaftung durch den Sicherheitsdienst geführt worden war, hatte es ihm klar, fast liebenswürdig gesagt:

„Stellen Sie sich nicht dumm. Wir wissen, wer Sie sind. Wir wissen auch, daß Sie kein Spion sind. Ihre Unvorsichtigkeit beweist es. Unsere Abwehr ist der gleichen Auffassung. Warum also den Narren spielen?"

Der Oberst hatte ungewöhnlich grüne, kalte Augen und einen sinnlichen, feingezeichneten Mund. Ein schmales Bärtchen betonte das scharfgeschnittene Gesicht. Sein schwarzes Haar war an den Schläfen ergraut.

„Beantworten Sie mir zwei Fragen, und ich werde das Verhör als abgeschlossen betrachten. Warum sind Sie zurückgekommen und auf welche Weise?"

Michael entgegnete:

„Ich kann Ihnen nur sagen, daß Sie recht haben, keinen Spion in mir zu sehen; denn ich bin kein Spion. Niemand hat mich mit einer bestimmten Mission hierhergeschickt. Die Gründe für meine Rückkehr sind rein persönlicher Art und haben keinen militärischen oder politischen Charakter."

Michael wußte, daß die Unterhaltung damit nicht zu Ende war. Man würde ihn foltern. Er wußte auch, daß er einer Folter nicht lange standhalten konnte. Er gab sich über seine Widerstandskraft keinen Täuschungen hin. Er wußte, daß er feige und schwach war. Zwar imstande, geistigen Qualen die Stirn zu bieten, hatte er dafür vor körperlichen Qualen Angst. Ein Körper läßt sich nicht leicht beherrschen. Trotzdem wies er den Kuhhandel zurück. Er dachte an Pedro und blieb stumm. Er rief sich das Gesicht seines Freundes in Erinnerung zurück, und seine Lippen blieben versiegelt.

„In diesem Falle", sagte der Oberst mit dem kalten Gesicht, „sehe ich mich gezwungen, Sie das Gebet sprechen zu lassen."

„Das wird mir guttun", sagte Michael.

„Glauben Sie?"

„Ja. Ich habe lange nicht mehr gebetet."

Der Oberst blieb gleichgültig und fuhr mit eisiger Stimme fort:

„Das Gebet macht die dicksten Schädel weich, ich möchte sogar sagen: die dicksten Beine. Nachher sind Sie erledigt, erniedrigt. Sie laufen Gefahr, den Verstand, den Glauben, die Sprache und den Stolz zu verlieren. Ich rate Ihnen gut: sprechen Sie. Sie sind jung, unschuldig. Lassen Sie sich nicht auf ein Spiel ein, das Sie von vornherein verloren haben."

Aber Michael sieht Pedro vor sich. Mit seinem offenen, seinem traurigen Lachen.

„Sprichst du gerne von Gott?"
„Du weißt doch, daß ich's gerne tue."
„Dann los, Pedro, los. Sprich mit mir von Gott."
„Gott, kleiner Bruder, ist die Schwäche der Starken und die Stärke der Schwachen."
„Und vom Menschen, Pedro? Sprichst du auch gerne vom Menschen?"
„Du weißt doch, daß ich's gerne tue."
„Also, sprich mir vom Menschen."
„Der Mensch ist die Stärke Gottes. Und auch seine Schwäche."

Michael sieht die Augen seines Freundes, die tiefen Augen, in denen Freude und Verzweiflung einen stummen, unerbittlichen, ewigen Kampf führen. Er sagt sich: Nein, ich werde ihn nicht verraten. Hörst du mich, Pedro? Du wirst nicht verraten. Drei Tage sind lang, aber wir werden sie durchhalten. Nachher ist es nicht mehr wichtig. Pedro wird außer Gefahr sein. Er wird zum vereinbarten Treffpunkt kommen, und ich werde nicht dasein. Er wird Bescheid wissen und weggehen. Er soll mich nur nicht suchen, nur nicht auf mich warten. Keine Dummheiten, Pedro! Drei Tage sind lang!

„Was haben Sie beschlossen?" fragte der Oberst, dessen Augen ungewöhnlich grün und kalt waren.

Da Michael nicht mit der Wimper zuckte, warf er hin:

„Wie Sie wollen. Wir haben Zeit."

Der Oberst drückte auf einen Knopf. Ein Polizist führte den Gefangenen ins Untergeschoß, in dem mehrere „Tempel" lagen.

„Hast du noch nicht genug vom Beten, was?"

Es war noch immer die kehlige Stimme des ersten Offiziers. Somit waren noch keine acht Stunden vergangen. Vielleicht zwei, vielleicht sieben. Draußen hatte sich das Gewitter gelegt, nun fiel müder Regen. Michael fühlte sich in Form. Hellwach, im Vollbesitz seines Denkvermögens, seiner Erinnerungen, seiner inneren Kräfte. Er befahl ihnen, und sie gehorchten ihm. Nie hatte ihm seine Konzentrationsfähigkeit soviel Freude bereitet. So zog er sogar Befriedigung aus seiner Haft. Ohne sie hätte er nie gelernt, die dunkelsten Bereiche seines Bewußtseins, die verborgensten Regungen seines Körpers zu beherrschen. Er brauchte sich nur zu sagen: ‚Ich denke nicht an meine Beine', und er dachte nicht mehr an sie. ‚Jetzt werde ich den Mellah von Casablanca besuchen', und schon tauchte jenes Elendsviertel aus der Vergangenheit vor ihm auf, mit seinen schweigsamen Greisen – man hätte sie für Blinde halten können, so schwer und wahr war ihr Schweigen –, mit seinen abgerissenen, unterernährten kleinen Mädchen, deren jämmerliche Fröhlichkeit einem fast das Herz brach, mit seinen Einzimmerbehausungen, in denen Familien von zwölf, dreizehn, vierzehn Personen hausten. ‚Ich will Sarah sehen', und schon stand sie, ihr Lächeln wie eine Bürde mitschleppend (und ihre Verachtung den vergangenen und kommenden Jahrhunderten ins Gesicht spuckend), leibhaftig vor ihm. ‚Komm, Meister!', und Kalman mit seinem vergilbten Bart und seinem gesenkten Blick – denn man darf seine Blicke nicht vergeuden – war zur Stelle. Michael kann mit ihm sprechen, Fragen an ihn richten und Antworten fordern. ‚Meister, ich will endlich Gott kennenlernen, ich will ihn aus seinem Versteck locken!' Der Meister antwortet freundlich, ohne Zorn, mit sanfter klarer Stimme: ‚Du bist anmaßend, mein Sohn. Du willst Gott kennen: kennst du dich denn schon selbst?' Michael antwortet: ‚Noch nicht, Meister. Noch nicht. Aber das wird nicht mehr lange dauern. Ich fühle es. Noch einen Tag, noch zwei, drei Tage, und ich werde mich selbst kennen. Nehmen Sie mir's nicht übel, Meister: ich werde auch Gott, das Unbekannte, kennen. In der Gefangenschaft, in der Folter wird der Mensch mächtig, allmächtig. Er macht sich zu Gott. Das Geheimnis lautet: Gott ist in Gefangenschaft.' Nun heftet der Meister auf ihn seinen sanften, traurigen Blick, in dem ein geheimnisvolles orangefarbenes Licht schimmert, und sagt: ‚Vielleicht hast du recht. Heutzutage wissen die Schüler mehr, sie wissen es besser als ihre Lehrer. Ja, Gott ist in Gefangenschaft. Und der Mensch hat die Aufgabe, ihn zu befreien. Das ist das seit der Schöpfung behütete Geheimnis.' Michael will aber noch mehr darüber erfahren: ‚Kommen deshalb so viele gerechte Männer ins Gefängnis?' – ‚Das ist einer der Gründe.' Michael ist aber noch nicht befriedigt: ‚Und die Diebe? Die Mörder? Die Verräter? Warum kommen sie ins Gefängnis? Wissen sie womöglich auch, daß Gott hinter Schloß und Riegel sitzt?' Der Meister bewegt zustimmend seinen vergilbten Bart: ‚Sie wissen es. Deshalb kommen sie ins Gefängnis. Um ihn zu ermorden.' Michael sieht, daß sein Lehrmeister müde ist, und küßt ihm zum Abschied ehrerbietig die Hand.

Von dem berühmten Rabbi Schmelke von Nikolsburg wird erzählt, daß er sich einmal jährlich, am Osterabend, in sein Zimmer einschloß und niemanden in die Nähe seiner Tür kommen ließ. Er wollte allein sein, um mit geschlossenen Augen auf die Stimmen seiner Schüler zu lauschen, welche die vier Enden der Erde ihm zutrugen.

Michael sagt sich, daß er das gleiche fertigbringt. Er braucht nur die Lider zu senken, um die Geräusche der Vergangenheit zu vernehmen. Michael geht noch weiter: er schreibt sich eine Kraft zu, die der Zaddik von Nikolsburg nicht besaß (der nicht in Gefangenschaft gewesen war): mit geschlossenen Augen gelingt es Michael nicht nur, Stimmen zu hören, sondern auch Gesichter zu sehen, Bewegungen, Menschen im Kampf mit ihrem Schicksal, mit ihrem Leben.

Pedro fragte mich:
„Wie heißt noch die Stadt mit dem barbarischen Namen?"
„Szerencsevàros", antwortete ich. „Das bedeutet: Glücksstadt. Sprich nicht schlecht von ihr. Ich bin dort geboren."
„Ist das ihr Glück?" fragte Pedro lachend.
„Mach dich nicht lustig", antwortete ich verletzt.
„Mach dich nicht über Städte lustig, die das Glück gehabt haben, so viele fremde Besatzungen und verschiedene Regierungen zu überleben. Alle europäischen Mächte, große wie kleine, haben sich um sie gestritten. Bisweilen scheint es mir, als sei

Szerencsevàros der wahre Einsatz der beiden vergangenen Weltkriege gewesen. Zunächst zu Österreich gehörend, wurde die Stadt an Ungarn abgetreten, das sie an Rumänien weitergab, um sie ihm nach zwanzig Jahren wieder wegzuschnappen. Dann war es Deutschland, das Wert auf die Ehre legte, sie dem Dritten Reich einzuverleiben, was der Sowjetunion gestattete, sie Deutschland wegzunehmen, so daß die vierzigtausend Einwohner von Szerencsevàros nie genau wissen, wessen treue Staatsangehörige sie sind. Du siehst also, Pedro, daß du nicht über eine sagenhafte Stadt spotten darfst, auf die alle Regierungen Europas ein Auge geworfen haben."
Aber Pedro ist nicht der Mann, sich aus der Ruhe bringen zu lassen:
„Und wer hält sie jetzt besetzt? Etwa Monaco?"
Er lachte los, und sein Lachen klang wie tausend Trommelwirbel, unterbrochen von seinen Lieblingsausrufen:
„Phantastisch, sage ich dir, einfach phantastisch!"
Ich war traurig. Ich war immer traurig, wenn ich von Szerencsevàros sprach, was Glücksstadt bedeutet. Aber Pedro war mein Freund. Nur verspürte er weder das Bedürfnis noch die Pflicht, meine Traurigkeit zu teilen. Wenn er Lust hatte zu lachen, lachte er.
Plötzlich hielt er inne und senkte die Stimme:
„Bist du dorthin zurückgekehrt?"
„Nein."
„Warum nicht?"
„Ich mag Friedhöfe nicht. Glücksstadt ist nämlich ein großer Friedhof, in dem Gesichter und Sagen ruhen, Feste und Hoffnungen, dunkle, von Heiligkeit schwere Augen und Gebete, die zum Himmel aufsteigen, um Gott eine Träne zu entlocken."
Pedro machte ein träumerisches Gesicht:
„Das muß ein schöner Friedhof sein. Ein phantastischer Friedhof." Jetzt lachte er nicht mehr.

Bewacht von einer hohen, unüberwindlichen Gebirgskette und gesäumt von zwei Flüssen, so breit wie das Meer, war Szerencsevàros ein glückliches, armes Städtchen, in dem selbst die Reichen arm und die Armen glücklich waren. Das Glück beschränkte sich in Szerencsevàros auf seinen natürlichen Ausdruck: Brot und Wein für das Schabbatmahl zu haben. Daher arbeiteten die Armen jeden Tag im Schweiße ihres Angesichts, um Brot und Wein für den siebten Tag zu verdienen.

Wie ein seidener Purpurmantel öffnete sich der Schabbat schon am Freitag, bei Sonnenuntergang. Dann veränderte die Stadt ihr Gesicht. Die Kaufleute schlossen ihre Läden, die Kutscher fuhren mangels Fahrgästen nach Hause, die Frommen gingen zum rituellen Bad, um den Leib zu reinigen. Der Schabbat ist einer Königin vergleichbar: es ist gut, einen reinen Leib und eine reine Seele zu haben, um ihres Besuchs würdig zu sein. Der Schabbat ist das Wesen des Judentums, er ist die göttliche Offenbarung in der Zeit.

Aus Fenstern und halbgeöffneten Türen dringt dasselbe Empfangslied in die verlassenen Straßen: „Friede mit euch, ihr Engel des Friedens; Friede bei eurem Kommen und Friede bei eurem Gehen."

Am Freitagabend leidet in Szerencsevàros niemand Hunger. Selbst minderbemittelte Familien haben einen weißgedeckten Tisch und darauf Brot, Wein und brennende Kerzen, eine Kerze für jede lebende Seele des Hausstandes. Wer allein, wer im Städtchen fremd ist, wird von den Einwohnern eingeladen, um das Mahl mit ihnen zu teilen.

Am Freitagabend kostet selbst der verrückte Moische, der Dickwanst, der weint, wenn er singt und lacht, wenn er schweigt, selbst er kostet die heilige Freude des Schabbats und seines Friedens: man reißt sich um ihn. Wenn er eine Einladung einer anderen vorzieht, handelt Moische so, als täte er seinem Gastgeber einen Gefallen.

Eine Familie, an deren Tisch kein Armer sitzt, fühlt sich befangen, schuldig. Sobald das Schlußgebet in der Synagoge gesprochen ist, stürzen sich die Gläubigen auf die Bettler und Fremden. In Szerencsevàros sind es die Armen, die sich wichtig vorkommen, sie sind es, die den Reichen erlauben, glücklich zu sein und keine Scham zu fühlen. Wenn der Freitagabend kommt, wird der bucklige Jankel, der die ganze Woche einen leeren Magen hat, eine Persönlichkeit: kaum hat man ihn in der Menge entdeckt, überschüttet man ihn mit Liebenswürdigkeiten, man reißt sich um ihn, um seine Gunst. Die Friedensengel des Schabbats sind sie, die Armen, die Enterbten.

Der verrückte Moische war oft Tischgast in der Familie Michaels, dessen Vater sein Busenfreund war. Der Knabe hatte nie begriffen, was die beiden Männer verband, von denen der eine nur an die Macht des Verstandes glaubte, während der andere jede Klarheit verwarf. Oft sah Michael die beiden in lange Unterhaltungen vertieft. Moische sprach, und sein Vater hörte zu, bald belustigt, bald ernst.

Eines Tages fragte Michael seinen Vater:

„Was findest du an ihm, um so viele Stunden mit ihm zu verplaudern?"

„Moische – ich spreche von dem echten Moische, der sich hinter dem verrückten verbirgt – ist ein großartiger Kerl. Er sieht weit. Er sieht die Welten, die uns verborgen bleiben. Seine Verrücktheit ist nur eine Mauer, die uns verbirgt, was Moisches gerötete Augen sehen, es könnte uns gefährlich werden."

Daraufhin versuchte auch Michael, den Dicken, der zwei Stühle zum Sitzen brauchte, zum Sprechen zu bringen. Moische nahm jedoch den Jungen nicht als Gesprächspartner an.

„Wenn du mich singen hören willst, einverstanden", entgegnete er. „Sprechen, nein."

„Ich möchte ein paar Fragen stellen", bat Michael.

„Behalte sie für dich", antwortete Moische.

So ging es Monate und Monate. Der Verrückte sang oder schwieg. Aber er sprach nicht. Michael brannte vor Neugierde. Er war mehr und mehr davon überzeugt, daß Moische ein Geheimnis wahrte, eine unbekannte Sendung, vielleicht eine Antwort auf die ewigen Fragen. Daher ließ Michael nicht lokker.

Dann, eines Abends, ergab sich die ersehnte Unterhaltung. Es geschah im Winter. Michael war allein zu Hause – Vater und Mutter hatten sich im Laden verspätet –, als Moische mit bekümmertem Gesicht vor der Haustür stand. Später erfuhr Michael, was sich zugetragen hatte. Die Kinder der Stadt – die ihn auf ihre grausame Weise liebten – hatten ihm Urin zu trinken gegeben und gesagt, es sei Wein.

„Gib mir Wein", sagte Moische.

Michael öffnete den Schrank, holte eine Flasche heraus und stellte sie vor den Besucher auf den Tisch.

„Ich werde Ihnen ein Glas bringen", sagte Michael.

„Nicht notwendig."

Moische warf den Kopf zurück und trank die Flasche in einem Zug aus.

„Es steht geschrieben", sagte er mit schmerzlicher Stimme, „daß der Wein dem Herzen Freude und Glückseligkeit bringt. Das ist falsch! Mein Herz ist leer der Freude! Leer des Weins!"

Ohne ein Wort zu verlieren, entkorkte Michael eine zweite Flasche. Auch diesmal packte Moische sie derb und setzte den Flaschenhals nicht eher ab, als bis sie leer war.

„Ich bin nicht fröhlich!" rief er wütend und schleuderte die Flasche gegen die Wand. „Der Wein bringt meinem Herzen keine Freude. Was in den Büchern steht, ist falsch! Genau wie der Wein! Auch der Wein ist falsch! Genau wie das Herz! Auch das Herz ist falsch!"

Plötzlich rannen Tränen über sein Gesicht und verfingen sich in seinem struppigen Bart.

„Du", sagte er, „du weißt gar nichts. Du bist zu klein. Zu jung. Ich, ich weiß was. Ich bin verrückt, und in dieser Welt wissen nur die Verrückten etwas. Sie wissen, daß alles falsch ist. Der Wein ist falsch, das Herz ist falsch, die Tränen sind falsch. Vielleicht sind auch die Verrückten falsch."

Gedankenverloren, mit geschlossenen Augen verstummte er eine geraume Weile. Michael glaubte, er sei eingeschlafen. Aber seine Tränen rannen noch immer über sein Gesicht. Rote, weinfarbene Tränen. Der Knabe nahm einen Stuhl und setzte sich, bemüht, den Gast nicht zu wecken.

„Du kannst ruhig Lärm machen", warf Moische hin. „Ich schlafe nicht."

Michael errötete, als sei er bei einem Streich ertappt worden. Er wäre am liebsten zu einem Zwerg geschrumpft und unter dem Tisch verschwunden. Mit noch immer gesenkten Lidern fragte Moische:

„Hast du Angst vor mir?"

„Nein."

„Aber ich bin doch der verrückte Moische. Hast du keine Angst vor Verrückten?"

„Nein", sagte Michael.

„Dann ist's gut", sagte Moische. „Man darf vor den anderen keine Angst haben, und wenn sie noch so verrückt sind. Vor sich selbst muß man Angst haben. Aber hier erhebt sich die schwerwiegende Frage: wer sagt dir, daß die anderen nicht du selbst sind? Wer sagt dir, daß der verrückte Moische nicht du bist?"

Michael rührte sich nicht. Er klammerte sich an seinen Stuhl, wie um nicht herunterzufallen.

„Die anderen!" sagte Moische und schlug mit der Faust auf den Tisch. „Die anderen! Mit welchem Recht sind sie nicht verrückt? In Zeiten wie heute haben anständige Leute keinen anderen Ausweg, als verrückt zu werden. Und auf die Logik, auf die Intelligenz, auf den sakrosankten Verstand zu pfeifen! Das muß man tun, das ist das einzige Mittel, um menschlich zu bleiben, um seine Unantastbarkeit zu bewahren! Aber schau sie dir doch an: Sie sind feige! Alle! Sie werden nie sagen: ‚Ich bin verrückt und bin stolz darauf!' Statt dessen haben sie nichts Eiligeres zu tun, als zu schreien: ‚Er ist verrückt! Moische ist von Sinnen! Haltet ihn euch vom Leib!' Als ob nicht jeder von ihnen in einem bestimmten Augenblick seines Lebens ein anderer sei, der Moische heißt: der verrückte Moische!"

Der fette Mann atmete schwer beim Sprechen. Seine mächtige Stimme klang wütend. Aber seine Tränen verrieten Trauer.

Plötzlich öffnete er die Augen und heftete sie auf den Knaben, der unendliche Güte in ihnen erblickte. Moische beugte sich vor und versuchte zu lächeln:

„Hast du immer noch keine Angst vor mir?"

„Nein", sagte Michael zitternd.

„Ist das wahr?"

„Ich habe Angst, Moische. Aber nicht vor Ihnen. Ich habe Angst und weiß nicht wovor."

„Du gefällst mir. Du lügst nicht. Du bist freundlich. Du bist gescheit. Genau wie dein Vater."

Er zog an seinem Bart, als sei er zornig, und rief aus:

„Ich will dir etwas vorsingen."

Er legte die Hand auf die Augen, um besser in den Abgrund seines Gedächtnisses hinunterzusteigen. Die Tränen rannen zwischen seinen Fingern hindurch:

„Ich werde für dich singen. Was willst du hören? Ein Jom-Kippur-Gebet? Ein Schawuot-Gebet? Nein. Einen älteren Gesang. Ein Liebeslied. Aber zuerst will ich dir die Geschichte dieses Liedes erzählen. Rabbi Jizschak Eisik, der Wunderrabbi von Kalew, ging eines Nachmittags im Wald spazieren, als seine Ohren die Worte und die Melodie eines unendlich traurigen, schönen Liedes vernahmen. Er folgte der Stimme und entdeckte den Menschen, dem sie gehörte. Es war ein junger Ungar, der seine Herde hütete. ‚Verkaufe mir dein Lied', sagte der Rabbi zu ihm. ‚Ich biete dir zwanzig Kronen. Schlägst du ein?' Der junge Mann sah den Rabbi verständnislos an. ‚Du nimmst also die zwanzig Kronen an? Oder dreißig? Oder fünfzig?' Der junge Mann streckte die Hand aus, in die der Rabbi fünfzig Kronen zählte. In diesem Augenblick geschah etwas Wunderbares: Das Lied verließ den Ungarn und wurde von dem Rabbi empfangen. Der eine hatte es vergessen, während der andere es gelernt hatte, und all das im Bruchteil einer Sekunde. Später erklärte der Rabbi seinen Schülern, daß dieses vom König David komponierte Liebeslied jahrhundertelang umhergeirrt und gewartet hatte auf seine ‚Befreiung' ..."

Moische sprang mit erstaunlicher Gelenkigkeit auf seine Beine, begann das Zimmer zu durchmessen und stimmte den *Szól a kakas màr* an, jenes glühende, sehnsüchtige Lied, in dem der Liebende die ferne Geliebte anfleht, auf ihn zu warten, bis es Gott gefalle, ihre getrennten Herzen zu vereinen. Moische hatte eine kehlige Stimme voller Wärme und Gram. Sie schien aus dem Dunkel aufzusteigen und sich über sich selbst zu wundern.

Nachdem er bis zur Erschöpfung gesungen hatte, setzte sich Moische wieder, wischte mit dem Ärmel über seinen feuchten

Bart und bat noch um einen Schluck Wein. Michael gehorchte und stellte eine dritte Flasche vor ihn hin. Moische blickte zu dem Knaben auf:

„Mir scheint, du willst mir Fragen stellen. Welche?"

„Ein andermal", sagte Michael. „Ihr seid ermüdet."

Michael war unruhig, ohne den Grund dafür zu wissen. Er zögerte, obgleich er wußte, daß die Gelegenheit vielleicht nie wiederkehren würde. Mit gesenkter Stirn musterte er seine Nägel.

„Sprich", ermutigte Moische ihn. „Man darf die Dinge nicht aufschieben, sie verändern sich zu rasch."

„Ich kann nicht", stieß der Junge endlich hervor, „Sie schüchtern mich ein."

„Sieh mich an", sagte der Verrückte. „Ich befehle dir, mich anzusehen."

Zögernd hob Michael halb den Kopf.

„Los, höher!"

Als der Knabe nicht gehorchte, fuhr er fort:

„Man darf keine Angst haben, einem Menschen ins Gesicht zu sehen. Selbst wenn es sich um einen Verrückten handelt. Frag deinen Vater, er wird es dir bestätigen."

Das ist sein Geheimnis, dachte Michael. Er ist gar nicht verrückt. In diesem Fall sind es die anderen. Und was bin dann ich: Moische oder die anderen?

„Sieh mich an, sage ich!"

Michael wollte gehorchen, aber sein Kopf kam ihm so schwer vor, als habe er Gewicht und Form gewechselt, als sei es der Kopf eines Fremden. Schließlich mußte Moische Michael am Kinn fassen, um seinen Kopf zu heben.

„Mach die Augen auf, heb nicht die Augenbrauen!"

Michael sah so viel Dunkelheit, solch dichte Nacht in Moisches Augen, daß ihn jäher Schwindel ergriff.

„Senk nicht den Blick!" rief der Verrückte wütend, mit schaumbedeckten Lippen.

Eine geraume Weile blickten Moische und Michael einander an, ohne ein Wort zu wechseln, bis Moische das Schweigen brach:

„Jetzt wirst du mich nicht mehr vergessen."

Seine Stimme war wieder ruhig geworden und bereit, in die Abwesenheit zu flüchten.

„Ich habe keine Fragen mehr", sagte Michael.

„Phantastisch!" rief Pedro aus. „Ich hätte ihn gerne gekannt."
„Ja, Pedro", sagte ich. „Du hättest ihn kennenlernen sollen. Du hättest ihn geliebt."
„Was ist aus ihm geworden?"
„Asche."
Pedro verstummte. Dann sagte er:
„Glaubst du, daß er Angst vor dem Tode hatte?"
„Moische hatte vor nichts Angst."
Nach einem Schweigen:
„Nicht einmal vor dem Wahnsinn."
Wieder lachte Pedro. Ich war traurig, und er lachte.
Vielleicht war das seine Art, seine Trauer auszudrücken.
„Hast du wieder Fragen an ihn gestellt?"
„Nie wieder."
„Du hattest alles verstanden?"
„Nein. Aber ich hatte keine Fragen mehr an ihn zu stellen."
Pedro stieß mich kräftig in den Rücken:
„Aber ich."
„Sprich."
„Moische weinte, wenn er sang. Warum? Wenn er schwieg, lachte er. Warum?"
Um das zu erklären, mußte ich einen Ausspruch des berühmten Verfassers des Tania *abwandeln: „Wenn Moische sang, brach ihm das Herz; deshalb weinte er. Schwieg er aber, dachte er an jene uralte Wahrheit, daß nichts auf der Welt so ganz ist wie ein gebrochenes Herz. Deshalb lachte er."*
Pedro maß mich vom Kopf bis zu den Füßen und sagte:
„Du hast Glück, ihm begegnet zu sein. Schade, daß er tot ist."
„Ja, schade. Aber er hatte keine Angst vor dem Sterben. Ich bin überzeugt, daß er singend in den Tod gegangen ist, daß er seinen Gesang in die andere Welt mitgenommen hat. Und seinen Wahnsinn obendrein. Gott liebt die Wahnsinnigen. Sie sind die einzigen, die Ihm nahen dürfen."
Die Augen meines Freundes wurden sanfter: sie sahen Moische,

den Verrückten, den feisten Menschen, der stets zwei Stühle zum Sitzen brauchte. „Weißt du, was ich an ihm liebe?“ fragte er.
Nun sprach Pedro von Moische, als habe er ihn gekannt, als sei der Verrückte noch am Leben, dort, mitten unter uns. Genau so sprach Pedro von allen meinen toten Freunden und schenkte ihnen damit die Unsterblichkeit.
„Was liebst du an ihm, Pedro? Seine Stimme? Seine Lieder? Seine Gebärden?“
„Nein“, sagte Pedro, den Kopf hin und her wiegend. „Ich liebe sein Lachen.“ Dabei zwinkerte er mit den Augen.

Drei Tage, dachte Michael. Ich muß drei Tage durchhalten. Meine Beine müssen drei Tage standhalten. Zweiundsiebzig Stunden. Davon gehen ab: drei, vier, fünf, sechs oder sieben Stunden. Sagen wir fünf Stunden. Bleiben siebenundsechzig. Fürchte nichts, Freund. Ich werde durchhalten. Aber dann mach dich fort. Lauf. Fang nicht an, mich zu suchen, nach meiner Spur zu fahnden. Wenn ich nicht am Friedhof, unserem Treffpunkt, bin, weißt du Bescheid. Du weißt, daß ich nicht kommen konnte: meine Beine waren schwer wie totes Holz.

Langsam merkt Michael seine Müdigkeit. Der Kopf tut ihm weh. Er wird eine zähe Masse im Mund nicht mehr los. Seine Kehle ist trocken wie Leder. Vor allem aber spürt er die Beine von den Knien ab. Ein merkwürdiges Summen dringt ihm in die Ohren. Mückensummen. Zu Tausenden umschwärmen sie seine Waden. Bald fühlt er einen kleinen Stich, dann einen zweiten, dann noch einen, schließlich nichts mehr: die Mükken haben sein Fleisch bis zu den Knien aufgefressen.

Und ich, denkt Michael, habe mich über die Gebräuche der Parsen gewundert, wegen ihrer sonderbaren Art, mit den Toten umzugehen. Sie überlassen sie den Vögeln des Himmels und nicht der Erde. Die Parsenpriester betten den Leichnam des Verstorbenen nach den üblichen Gebeten auf eine besondere Plattform oben auf dem „Turm des Schweigens“. Dann schlagen sie dreimal in die Hände, worauf Hunderte von Geiern von den Bäumen der Umgebung auffliegen, den Himmel verdüstern und sich auf den Leichnam stürzen. Zwei Stunden später ist von dem, was einmal ein Mensch war, nichts mehr übrig.

Schrecklich! war seine erste Regung gewesen, als er von den Gebräuchen der Jünger Zoroasters erfahren hatte. Wie froh bin ich, nicht als Parse geboren zu sein, dachte er.

Michael hört die Mücken, die sich zum Angriff rüsten – sie beginnen bei den Beinen und klettern bis zum Kopf hinauf – und lächelt: ich bin kein Parse, werde aber den Tod eines Parsen sterben. Anscheinend reicht die Freiheit des Menschen nicht bis zu seinem Tod. Er wählt sein Leben, sein Tod aber wird ihm von außen aufgezwungen.

Er denkt: wenigstens werde ich stehend sterben. Die meisten Menschen beugen sich vor dem Tod. Bei seinem Nahen krümmen sie sich zusammen; bezwungen erwarten sie ihn, und ihre Schultern berühren den Erdboden. Aber nicht ich! Ich werde ihn aufrecht erwarten. Nicht einmal Moses, dem einzigen Menschen, der Gott gesehen hatte, war dies Glück zuteil geworden. Michael erinnert sich an eine Midrascherzählung über den Tod des jüdischen Befreiers. Gott sagte zu ihm: „Lege dich hin." Moses, der von der Höhe des Berges Nebo das Gelobte Land erblickt hatte, legte sich nieder, wie Gott ihn geheißen hatte. „Strecke die Beine aus." Moses streckte seine Beine aus. „Du spürst sie nicht mehr." Moses spürte sie nicht mehr. „Strecke die Arme aus." Moses streckte seine Arme aus. „Du fühlst sie nicht mehr." Moses fühlte sie nicht mehr. „Schließe die Augen." Moses schloß die Augen. „Du siehst nicht mehr." Moses sah nicht mehr. Dann befahl Gott seinem Herzen stillzustehen. Der langsame Tod des ersten der Propheten war vollbracht.

Auch mein Tod wird langsam, nach und nach, eintreten, denkt der junge Mann. Zuerst werden meine Beine sterben, dann meine Hüften, meine Arme, mein Herz. Aber ich werde aufrecht sterben. Und Pedro wird gerettet sein. So ist es immer: wenn ein Mensch stehend stirbt, wird ein anderer gerettet. Manchmal ist es ein Freund, manchmal ein Unbekannter, der morgen geboren wird.

Drei Tage. Dreimal vierundzwanzig Stunden. Zweiundsiebzig Stunden. Nein, siebenundsechzig. Michael hat keine

Angst. Die Zeit schreckt ihn nicht. Er kann ihr entfliehen. Er braucht nur die Augen zu schließen: die Mücken werden sie nicht zerstören. Die Augen, die den Mücken nachsehen, sind stärker als diese, stärker als der Tod.

Er braucht nur die Augen zu schließen, um die Zeit zu bezwingen, um in die Vergangenheit zu tauchen und ihre Stimmen zu hören, ihr Rufen. Sehr gut hört man nur mit geschlossenen Augen.

Als Michael den alten Vàrady in seinem Garten sah, begann sein Herz heftig zu schlagen. Er hatte nie einen so alten und so bleichen Mann gesehen.

Vàrady wohnte im Hause nebenan. Die beiden Gärten waren durch einen Zaun getrennt. Vàradys Besitz war für den Knaben zur „verbotenen Zone" erklärt worden. In diesem Punkt waren seine Eltern unerbittlich: „Vergiß Vàrady! Vergiß, daß das Nebenhaus bewohnt ist! Lösch den Namen Vàrady aus deinem Gedächtnis!"

„Aber warum, warum?" fragte Michael immer wieder verwundert.

„Stell nicht so viele Fragen", antwortete seine Mutter, die noch stärker gegen Vàrady eingenommen war als sein Vater. „Wenn du groß bist, wirst du es erfahren."

„Was hat er nur angestellt, dieser Vàrady? Was hat dieses Verbot, diese Geheimnistuerei zu bedeuten?"

Die Eltern verweigerten jede Auskunft, jede Erklärung: „Vàrady ist gar nicht da, und was nicht da ist, erklärt man nicht." All das reizte natürlich nur die Neugierde des Knaben. Stundenlang stand er lauernd am Fenster oder auf der Straße. Aber der Nachbar schien nie auszugehen. Michael fragte sich schließlich, ob der geheimnisvolle Alte überhaupt vorhanden sei, als er ihn zufällig durch eine Spalte des Grenzzaunes erspähte. Michael war damals zwölf Jahre alt.

Es war ein glühendheißer Sommertag. Aber Vàrady schien vor Kälte zu schlottern. Unter einem Apfelbaum in einen Sessel gekauert, ragte von ihm nur sein grellweißer Kopf aus den Decken hervor. Sein durch die kaum geöffneten Lider sickernder Blick starrte ins Leere. Michael wurde von Mitleid für den

Greis ergriffen, dessen Augen wie die eines sterbenden Hundes waren und dessen Leib von den Sonnenstrahlen nicht mehr erwärmt wurde. Mit klopfendem Herzen löste er eine Latte aus dem Zaun und schlüpfte wie ein Dieb durch die so entstandene Lücke. Sobald er auf dem verbotenen Grundstück stand, blieb er zaudernd stehen. Er wußte nicht, ob er sich weiterwagen sollte, konnte aber nicht mehr zurück, denn der Greis hatte ihn bereits entdeckt.

„Komm näher", sagte dieser mit schriller Stimme.

Michael biß sich auf die Lippen und gehorchte. Nun konnte er das Gesicht, das er aus nächster Nähe erblickte, besser erkennen. Die Haut war so durchscheinend, daß man alle Knochen sah.

„Wer bist du?" fragte der Greis gleichgültig.

Michael nannte seinen Namen und fügte hinzu:

„Ich wohne nebenan."

„Was suchst du hier?"

Befangen begann der Knabe zu stammeln.

„Ich verstehe dich nicht", sagte der Greis. „Sag's noch mal. Wiederhole, was du gesagt hast."

Michael, der seinen Ungehorsam bereits bedauerte, gab sich einen Ruck und sagte:

„Ich wollte Sie sehen, mein Herr."

„Wozu?"

Der Knabe schwieg.

„Warum wolltest du mich sehen? Los, antworte!"

„Ich weiß nicht, mein Herr."

„Du brichst in meinen Garten ein, du schielst nach mir herüber, du betrachtest, du beobachtest mich, vielleicht beurteilst du mich auch – und du weißt nicht warum?"

„Nein, Herr Vàrady. Ich weiß nicht warum."

Der Greis überlegte eine Weile, dann neigte er den Kopf vor:

„Sag mal, Kleiner, was sagt man draußen von mir? Was sagen die Leute von mir?"

„Man sagt, daß Sie gar nicht vorhanden sind."

Der Alte schmunzelte. Seine Gesichtsmuskeln gerieten in Bewegung, und Michael glaubte, ein Krachen zu vernehmen.

„Also, das sagen sie, was?" murmelte er vor sich hin.

„Ja", antwortete Michael. „Sie sagen, Sie seien gar nicht da."
„Was noch?"
„Mehr nicht. Sie sagen, daß es von einem Mann nichts zu erzählen gibt, den es gar nicht gibt."
Michael fühlte, daß seine Stimme wieder normal wurde. Von allen Gefühlen, die Vàrady ihm einflößte, war nur die Neugierde übriggeblieben.
„Wissen deine Eltern, wo du bist?"
„Nein."
„Wirst du es ihnen sagen?"
„Ich weiß nicht. Vielleicht."
„Wirst du ihnen sagen, daß du mich gesehen hast? Und daß ich vorhanden bin?"
„Vielleicht."
Die Stimme des Greises sank um einen Ton:
„Tu's nicht. Sie werden dich bestrafen."
Er verstummte, dann wiederholte er:
„Sag's ihnen nicht. Sie werden dich bestrafen. Bewahre dein Geheimnis für dich. Was wäre denn das Leben ohne unsere kleinen Geheimnisse, nicht wahr?"
Seine Lippen begannen heftig zu zittern. Sein Gesicht wurde purpurrot.
„Wollen Sie etwas Wasser?" fragte Michael.
Vàrady nickte bejahend. Auf einem Eisentischchen neben dem Sessel fand Michael eine Wasserkaraffe und eine Arzneidose.
„Wollen Sie auch eine Pille?"
Von neuem machte Vàrady eine bejahende Geste. Michael goß Wasser in das Glas, entnahm der Dose eine Pille und reichte sie dem Greis.
„Danke, mein Kleiner", sagte Vàrady nach einigen Minuten. „Hast du Angst gehabt? Angst, daß ich vor deinen Augen sterbe?"
„Ja", gestand der Knabe. „Ich hatte Angst. Ich habe noch nie einen Menschen sterben sehen."
„Aber ich", sagte Vàrady mit einer Grimasse. „Es ist kein schönes Schauspiel. Deshalb fühlen sich die Toten auch schuldig. Nicht gegen Gott, sondern gegenüber den Lebenden.

Schuldig, ihnen ein häßliches Schauspiel zu bieten. Es gibt nichts Grausigeres, Häßlicheres als einen Leichnam. Auch nichts Störenderes. Ich möchte sterben wie der Prophet Elias, der mit all seinem Gepäck zum Himmel aufgestiegen ist. Ich habe keine Lust, ihnen meinen Leib hier unten zurückzulassen."

Wieder begann seine Gesichtshaut zu zucken: er erzählte sich ja eine amüsante Geschichte. Schließlich blieb sein Blick von neuem auf dem Knaben haften.

„Ich bin alt", sagte er. „Nicht wahr, ich bin alt?"

„Ja, Herr Vàrady."

„Für wie alt schätzest du mich?" fragte der Greis mit seltsamer Gefallsucht in der Stimme.

„Ich habe keine Ahnung."

„Ich bin über hundert Jahre alt."

Michael konnte seine Überraschung nicht verbergen.

„Wirklich? Über hundert Jahre?"

„Das ist viel, nicht wahr?"

Michael ließ seinen Blick lange auf dem alten Mann ruhen, der ihm bald wie ein Gespenst, bald wie eine Reliquie vorkam. Seine Augen fesselten ihn: Vàrady schloß sie nie ganz, als fürchte er, sie nicht mehr öffnen zu können.

„Woran denkst du, Kleiner?"

„Ich überlege, ob ich wohl auch Ihr Alter erreichen werde."

Vàrady ließ die Bemerkung in der Luft hängen. Ein Windhauch bewegte scheu und zärtlich die Blätter des Apfelbaums. Eines Tages, dachte Michael, werde ich auch die Sprache der Bäume und des Windes verstehen: sie muß der der Greise ähneln.

„Womit verbringst du deine Tage?" fragte Vàrady.

„Ich lerne. Die Bibel, den Talmud und auch Latein."

„Latein?"

„Ja. Wegen meiner Eltern. Sie streiten meinetwegen die ganze Zeit. Mutter möchte, daß ich Rabbiner werde. Vater sähe es lieber, daß ich den Doktor der Philosophie mache. Sie sind ulkig, meine Eltern. Meine Mutter ist eine glühende Anhängerin der chassidischen Bewegung. Sie weiht Gott alle ihre Gebärden und Gedanken. Mein Vater betet die Vernunft an.

Er verbringt seine Zeit damit, alles in Frage zu stellen. Um Frieden zwischen ihnen zu stiften, habe ich ihnen versprochen, Philosophie und Religion zu studieren."

Vàrady hörte mit halbgeschlossenen Lidern zu, so daß Michael sich von neuem fragte, ob er wohl wach sei und zuhöre.

„Das ist gefährlich", sagte der Greis.

Michael, der noch immer stand, beugte sich leicht vor, um besser hören zu können.

„Das ist gefährlich", wiederholte der Alte. „Dem Licht und dem Schatten Treue geloben heißt mogeln. Es gibt nicht mehrere Wege zur Wahrheit. Es gibt für jeden Menschen nur einen. In diesem Sinne sind Atheist und Mystiker gleich: beide streben geradewegs auf ihr Ziel zu, ohne sich umzudrehen. Natürlich treffen sie sich am Ziel wieder. Wenn ihre Wege sich jedoch in der Mitte kreuzen, laufen sie Gefahr, einander auszulöschen. Verstehst du, Kleiner? Man kann nicht gleichzeitig drinnen und draußen sein. Der Mensch ist schwach, seine Einbildungskraft ist zu gering, um den Garten zu betreten und gleichzeitig vor dem Gartenzaun zu bleiben. Über diese Dinge weiß ich Bescheid."

Angesichts dieses unerwarteten Redeflusses sperrte Michael Mund und Augen auf. Der Name Elischa ben Awuja fiel ihm wieder ein. Der berühmte Elischa ben Awuja, der Lehrmeister des großen Rabbi Meir, von dem der Talmud berichtet, durch das Betreten des „Gartens", das heißt des Heiligtums der geheimen Wissenschaften, habe er den Glauben verloren. Sollte dieser ausgemergelte, von einem Jahrhundert der Qualen verzehrte Leib, von der irrenden ewigen Seele des großen Gelehrten bewohnt sein, der nicht nur seinen Verstand, sondern auch seinen Glauben aufs Spiel gesetzt hatte, als er erfahren wollte, was man nur in sich selbst entdecken kann?

„Ja, darüber weiß ich etwas", fuhr der Alte nach einem Zögern fort. „Es ist gefährlich, sage ich dir."

Der Junge brannte vor Neugier. Er erriet plötzlich, daß eine unmittelbare Beziehung bestand zwischen den Worten, die er soeben gehört hatte, und der Mauer, die seine Eltern zwischen ihm und dem Alten zu seinem Schutz errichtet hatten.

Der Tag sank. Das Licht, klar wie Kristall, verblaute. Über

den Bergen entzündete die Sonne die Tannenspitzen; wie um dieses Wunder der Schönheit zu begrüßen, schlugen die Kirchenglocken sechsmal.

Plötzlich spürte Michael etwas Fremdes hinter sich. Ein junges Mädchen, blond, sanft und selbstsicher, beobachtete ihn schweigsam und mit schelmischer Miene. Etwas Reifes lag in ihrer Haltung, obwohl sie höchstens vierzehn oder fünfzehn Jahre war.

„Du bist der erste Mensch, der Herrn Vàrady seit langem besucht", sagte sie.

„Ich hoffe, ich habe ihn nicht zu sehr gestört", antwortete er errötend.

„Keineswegs", fiel der Greis ein. „Du hast mich überhaupt nicht gestört."

„Ich heiße Milika", sagte das junge Mädchen und reichte dem Knaben die Hand.

„Ich sorge für Herrn Vàrady."

Sie lächelte:

„Man nennt mich auch ‚die Waise'. Weil ich meine Eltern nicht gekannt habe. Herr Vàrady hat sie gekannt."

„Er heißt Michael", sagte der Greis mit seiner Vogelstimme. „Sei nett zu ihm, Milika. Auch er will verstehen, der Ärmste."

„In seinem Alter?" fragte die Waise verwundert.

Befangen glaubte Michael einer Unterhaltung beizuwohnen, in der man von ihm sprach, ohne seine Gegenwart zur Kenntnis zu nehmen. Er wagte kaum Atem zu holen.

„Kommst du wieder?" fragte Milika warm.

„Darf ich?"

„Natürlich darfst du", sagte der Greis. „Du kennst den Weg. Dritte Latte von links. Wir wollen nur hoffen, daß du mich noch lebend antriffst."

Im Lauf der folgenden Sommerwochen wiederholte Michael häufig seine heimlichen Besuche bei seinem sonderbaren Nachbarn. Er entdeckte, daß er diesen Totenkopf, der Angst einflößte und dessen Augen die Welt in schmale Streifen schnitten, liebgewonnen hatte. Vàrady stellte ihm Fragen, erzählte ihm Geschichten, sprach ihm von Büchern und Verfassern mit unbekannten, geheimnisvoll klingenden Namen.

Bisweilen schlüpfte Milika herbei und hörte zu; dann fühlte Michael einen heißen Blick auf sich ruhen, der ihm die Lippen verbrannte.

Eines Tages konnte Michael sich nicht länger halten und rief aus:

„Herr Vàrady, warum hassen die Leute der Stadt Sie so sehr? Was haben Sie ihnen getan? Welches Vergehens haben Sie sich schuldig gemacht?"

Der Greis stieß merkwürdige Geräusche aus. Michael wußte nicht, ob es Seufzen war oder Knurren, ob er weinte oder sich königlich amüsierte.

„Sie hassen mich, sagst du? Du sagst, sie hassen mich?"

„Ja. Nicht mit Worten. Man haßt Sie schweigend, wie um den Haß zu verlängern, damit er über Generationen anhalte. Sobald Ihr Name fällt, werden die Mienen verschlossen. Es fehlt nur noch, daß man die Zähne knirschen hört. Ich möchte das gerne verstehen. Was wirft man Ihnen vor? Was haben Sie den Leuten getan?"

Vor ihm auf einem Schemel hockend, beobachtete Michael den Alten aufmerksam. Vàrady schien ihm in seiner Ausdruckslosigkeit plötzlich weit fortgerückt zu sein. Selbst sein Atem ging unhörbar. So verstrichen mehrere Minuten in regungslosem Schweigen, dann öffnete der Greis den Mund, und Michael begann zu zittern.

„Ich bin unsterblich", sagte Vàrady.

Jetzt begriff der Junge, daß man selbst in einem glühenden Ofen frieren kann. Sein Blut erstarrte.

„Hab keine Angst", fügte Vàrady hinzu. „Ich bin nicht verrückt. Ich habe meine fünf Sinne beisammen. Übrigens wird niemand im Städtchen das Gegenteil behaupten. Man beschuldigt mich nicht etwa des Wahnsinns, sondern einfach der Unsterblichkeit. Das ist der Grund ihres Hasses. Nicht den Tod verwerfen die Menschen, sondern die Unsterblichkeit. Selbst Gott wollen sie nur, solange er sterblich ist: sie töten ihn oft, um es sich damit zu beweisen. Sie lieben nur einen Gott, der fähig ist zu leiden, Blut zu verlieren, der fähig ist zu sterben. Sie begreifen nur, was begrenzt, vorübergehend ist und den Gesetzen der Dauer unterliegt. Alles muß nach ihrem Bilde, nach ihrem Maß sein. Ich liebe den Menschen nur, wenn er seinen Zustand durchbricht, wenn er sich den unverrückbaren Schranken der Vergangenheit, der Gegenwart und der Zukunft widersetzt, wenn er die Kraft und den Mut besitzt, seinen Willen der Welt, dem Tod aufzuzwingen. Ich liebe den Menschen stark, sie ziehen ihn schwach und kriechend vor. Deshalb hassen sie mich, weil ich sie aus der Ruhe gebracht habe. Ich habe das Bollwerk erschüttert, hinter dem sie ihre Feigheit verteidigen."

Da Michael sich kaum zu bewegen wagte, wartete er auf das Ende der Rede. Aber Vàrady begann zu husten. Er zitterte so heftig, daß Milika herbeilief, um ihn ins Haus zurückzuführen.

Einige Tage darauf fand Michael die Waise allein im Garten: von plötzlichem Unwohlsein befallen, mußte Vàrady das Bett hüten. Der Junge wollte wieder fortgehen, aber das junge Mädchen hielt ihn zurück. Sie setzten sich unter dem Apfelbaum ins Gras. Als Michael sich zum erstenmal allein dem schönen Geschöpf mit seinem von Sanftmut und Güte strahlenden Gesicht gegenübersah, fühlte er Befangenheit in sich aufsteigen.

„Was für ein merkwürdiger Mann der Alte doch ist!" sagte Milika.

„Das kann man wohl sagen", stimmte Michael zu.

„Er hat dich gern."

Michael errötete:

„Auch ich habe ihn gern."

Sie sah ihn mit so viel Wärme und Freundschaft an, daß Michael den Blick senkte.

„Erzähl mir von ihm", bat er. „Kennst du ihn gut?"

„Ziemlich gut. Ich sorge für ihn seit zwei Jahren. Er hat mich aus einem Dorf geholt, wo ich bei meinen Großeltern wohnte, die froh waren, einen Mund weniger füttern zu müssen. Seither pflege ich ihn. Weißt du – wenn man einen alten Mann versorgt, wird man wie seine Mutter, man bringt ein Kind zur Welt, das das Alter hinter sich hat."

Während sie sprach, nahm Milika die Hand des Knaben in die ihre. Michael wagte sie nicht zurückzuziehen.

„Glaubst du, daß er verrückt ist?"

„Keineswegs!" rief Milika aus. „Er hat den klarsten Kopf, den ich kenne."

Ein unbekanntes Gefühl durchfuhr Michael. Das Blut schoß ihm in den Kopf, und sein Herz begann stürmisch zu schlagen. Wenn er auf eine Liebkosung einging, bekam er sekundenlang eine Gänsehaut. Plötzlich erwachte eine Lust in ihm, jene Lust, die zu Anfang seltsam dem Schmerz gleicht.

„Sag mal, Milika, da du seine Mutter bist und es wissen mußt: ist er unsterblich?"

„Ein bißchen, wie jedermann", erwiderte sie und lachte auf.

„Mach dich bitte nicht über mich lustig. Ich frage ernsthaft. Ich habe es nämlich von ihm."

Milika verstummte träumerisch, und zarte Schwermut schrieb sich ihr ins Antlitz.

„Das ist nur ein Scherz", sagte sie schließlich. „Ein Scherz, der einem auf die Nerven geht. Seine Scherze sind alle so."

Sie streichelte die Hand des Jungen, seine Haare, seinen Nakken, dann wanderte ihre Hand auf seine Brust, und Michael wurde es so weh und bang, daß er sich nur mit Mühe beherrschen konnte.

„Vàrady tut nichts lieber als scherzen", fuhr Milika fort. „Er würde sein Leben für einen guten Witz, einen aufreizenden Witz geben. Vielleicht ist dies das Geheimnis seiner Langlebigkeit: sie erlaubt ihm, aus seinem Leben einen Spaß zu machen. Dadurch, daß er lebt, geht er den Menschen auf die Nerven. Es sind nicht seine Handlungen, die Haß auf sich ziehen, sondern sein Leben, sein Atem."

Später erfuhr Michael sogar aus dem Mund seines Vaters erstaunliche Einzelheiten über die Vergangenheit des Hundertjährigen. Abkömmling einer großen rabbinischen Familie, hatte er den Namen Vàrady angenommen, um seinen Angehörigen keine Schande anzutun. Bis zu seinem achtzehnten Jahr hatte er dem Namen, den er trug, jedoch Ehre gemacht. Seine Lehrmeister hatten ihm den ehrenvollen Titel *Ilui* verliehen, der zugleich Genie und Gelehrter bedeutet. Er kannte den gesamten Talmud auswendig. Außerdem die Kommentare, dazu die Kommentare zu den Kommentaren. Er war kaum achtzehn Jahre alt, als er die *Smicha,* die Genehmigung zum Rabbiner, erlangt hatte. Da er der Stolz des Landes geworden war, prophezeite man ihm, er werde ein neuer Wilnaer Gaon werden. Die berühmtesten Rabbiner wollten ihn zum Schwiegersohn haben. In seinem achtzehnten Jahr trat jedoch eine Wandlung ein. Er begann, den *Sohar* und die anderen Bücher der Kabbala zu studieren. Drei Jahre lang verließ er nicht sein Zimmer, da er sich völlige Einsamkeit auferlegt hatte. Er aß allein, betete allein und versagte sich jeden Besuch, sogar den seines Vaters. Sein Essen wurde ihm auf einem Tischchen vor die Tür gestellt; am nächsten Morgen fand man an derselben Stelle häufig die unberührten Gerichte wieder. Während dieser Zeit der Absonderung bekam ihn niemand zu Gesicht. Bisweilen konnte der eine oder andere seinen Schatten von außen undeutlich durchs Fenster erkennen. Er glich einem Stück Nacht, das den Tagesanbruch fürchtet. Dann öffnete er eines Abends die Tür und ging in die im Erdgeschoß liegende Synagoge hinunter, wo Dutzende von jungen Menschen beim Kerzenlicht den Talmud vor sich hinsingend studierten. Als sie ihn erblickten, entstand in dem Saal ein so vollständiges, so erdrückendes Schweigen, daß es in den Wänden knisterte. „Sagt den anderen, daß ich am kommenden Schabbat einen Diskurs halten werde.“ Dann machte er kehrt und stieg wieder in sein Zimmer hinauf. Einige Minuten später, nachdem die Nachricht von seiner Rückkehr sich wie ein Lauffeuer im Städtchen verbreitet hatte, klopfte sein Vater an seiner Zimmertür. Bleich und bebend stand er auf der Schwelle. Eine lange Weile maßen Vater und Sohn einander, wie um den Abgrund abzuschätzen, der sich während dreier Jahre zwischen ihnen aufgetan hatte. Schließlich war es der Sohn, der das Schweigen brach. „Vater“, sagte er, und seine Stimme brach fast vor Kummer, „ich bitte dich, am kommenden Schabbat nicht in die Synagoge zu gehen.“ Der Vater erblaßte unter seinem Bart, und ein Blitz flammte in seinen Augen auf. „Bist du sicher, deine Kräfte nicht überschätzt zu haben?“ murmelte er. Der Sohn öffnete die Lippen, sagte aber keinen Ton. Nun wich der Vater einen Schritt zurück und verließ hastig das Zimmer. An jenem Schabbat kam mit Ausnahme des Vaters die ganze Stadt in der Synagoge zusammen. Noch nie hatte man eine so lebhafte Beteiligung erlebt, nie eine so zahlreiche Gemeinde im Gotteshaus versammelt gesehen. Die Häupter der *Jeschiwa* waren in Begleitung ihrer Schüler mit ihren Schläfenlocken vollzählig erschienen; die Bürger waren da und die Arbeiter, die Schuster, die Kutscher und die Schneider; alle hatten sich mit Frauen und Kindern eingefunden. Auf der für die Frauen reservierten Empore war es zum Ersticken heiß. Es war Vormittag, zwischen dem Schachrit- und dem Mussaf-Gebet, unmittelbar nach der Verlesung der Thora. Der junge Mann erstieg das Podium und ließ mit großer Ruhe einen prüfenden Blick über seine Zuhörer gleiten, die ihn anstarrten und mit den Augen jede seiner Gebärden verfolgten. Die drei abgelaufenen Jahre der Absonderung hatten ihn reifer, schöner, gequälter gemacht, sie hatten ihn aber auch verfeinert. Nach dem Brauch nahm er die Sidrah der Woche zum Ausgangspunkt, um anschließend auf den Talmud überzugehen. Auf einem Bibelvers baute er eine Kathedrale mit ihren Türmchen auf, mit bunten Fenstern, ihren Mauern und ihrem Schweigen. Es war ein Meisterwerk der Redekunst. Die Frauen weinten, ohne ein Wort zu verstehen. Aber seine Stimme war schön, tief und tragend. Die ersten, die Anzeichen von Unruhe zeigten, waren die Häupter der *Jeschiwa* und einige Greise. Sie hoben den Kopf, wie um den Sinn dessen, was ihre Ohren vernahmen, besser aufnehmen und erfassen zu können. Plötzlich begriffen sie, daß der Redner nicht vor einer Gotteslästerung zurückschreckte. Seine Zitate aus dem Talmud, aus dem Buch Hesekiel, aus dem Sohar, dem Sefer Hajezira, jenem mystischen Werk über die Schöpfungsgeschichte, zielten insgesamt auf eines ab: auf die Gotteslästerung. Das Ganze kam ihnen so unglaublich, so unmöglich vor, daß sie den jungen Mann weiterreden ließen. Im übrigen steuerte er mit flammendem Gesicht und abwesendem Blick auf das Ende seiner Ansprache zu. Nun war kein Zweifel mehr möglich: er war verloren. Er betonte die Macht des Menschen, der den Gehorsam des Messias zu erzwingen vermag. Er behauptete, die Befreiung der Zeit werde auf ein Zeichen des Menschen und nicht seines Schöpfers geschehen. Dabei liegen Ironie und Schönheit darin, daß „jeder von euch, Männer wie Frauen, die ihr mich hört, den Herrn in seiner Macht hat, da ihr alle imstande seid, etwas zu vollbringen, dessen Gott unfähig ist! Es genügt, den Willen zu schmieden, ihn zu stählen, zu läutern, zu befreien! Der Mensch ist nicht das, was er tut, sondern was er will! Sobald er das Bollwerk, das seinen Willen schützt und einengt, niederreißt, wird er den Himmel, die Erde, das Übel und den Tod bezwingen! Ich, der ich hier zu euch spreche, erkäre euch feierlich meinen Entschluß, den Tod zu leugnen, ihn zu verwerfen, ihn lächerlich zu machen! Der, der vor euch steht, wird nicht sterben!"

Michaels Vater erzählte den Rest. „Die Zuhörer waren wie vor den Kopf geschlagen. Ein Blitz hätte keine größere Wirkung gehabt. Das Schweigen zog sich in die Länge und lastete auf der erstarrten Versammlung. Dann sprangen die Häupter der *Jeschiwa,* gefolgt von den alten Talmudisten, auf. Wieder zu sich gekommen, schüttelten sie die Fäuste und schrien: ‚Gotteslästerung, Gotteslästerung!' Sie wollten sich auf ihn werfen, aber der junge Mann kam im Schutze des Durcheinanders ungeschoren davon. Er kehrte jedoch nicht nach Hause zurück, sondern verließ noch am selben Abend heimlich die Stadt, ohne eine Spur zu hinterlassen. Er unternahm weite Reisen, studierte in Paris und Heidelberg, verbrachte einige Jahre in einem Aschram Indiens, unternahm eine Pilgerfahrt nach Tibet, wo er in einem Kloster unter Lamas lebte. Als er dreißig oder vierzig Jahre später heimkehrte, trug er schon den Namen Vàrady. Manch einer, der seine Rede mit angehört hatte, war noch am Leben. Der Rabbi, ein Onkel von ihm, schickte ihm einen Boten, um sich zu erkundigen, ob er bereut habe. ‚Sag dem Rabbi', rief Vàrady aus, ‚daß ich Jude geblieben bin. Nie habe ich meine Religion oder mein Volk verleugnet. Aber ich behaupte nach wie vor – und mehr denn je, daß der Mensch wichtiger ist als Gott: daß es keineswegs Sünde ist, die Unsterblichkeit anzustreben, selbst um den Preis, den Herrn damit zu verjagen. Sag deinem Rabbi, daß ich ihn überleben werde, und seinen Sohn obendrein.' Natürlich wurde er nicht wieder in die Gemeinde aufgenommen. Die einen betrachteten ihn als einen Abtrünnigen, die anderen als einen Ketzer. Keiner betrat je wieder sein Haus. Der einzige, der ihn ein einzigesmal besuchte, war Gabriel, der Konvertit: und den jagte Vàrady auf die Straße. Er lebte allein, abseits, aber er lebte: und das war das Wichtigste. Man übersah ihn, man gab vor, daß er nicht vorhanden sei, aber insgeheim belauschte das ganze Städtchen seine Herzschläge und zählte sie. Er, Vàrady, freute sich darüber. Eine Generation löste die andere ab, der Rabbi hatte sich zu seinen Vätern versammelt, auch sein Sohn segnete das Zeitliche, aber Vàrady war noch immer da. Jedesmal, wenn ein Einwohner starb, schien Vàrady ihm eine Botschaft für seine Trauergemeinde mitzugeben: „Vàrady läßt euch ehrerbietungslos sagen, daß er noch lebt, daß er euch allesamt überleben wird, wie er mich überlebt hat!"

Der Sommer ging zu Ende.

Die hohen Feiertage rückten näher. Der Monat *Elui,* der Monat der Reue. Jeden Morgen sprachen die Gläubigen zum herben Klang des Schofar in der Synagoge ihr Sündenbekenntnis, schlugen sich auf die Brust und flehten um Vergebung.

Michael wußte, daß seine Besuche bei Vàrady mit dem eintretenden Winter ein Ende nehmen würden. Dann würde er keine Zeit mehr dazu finden; sein Lernprogramm würde seine gesamte Freizeit beanspruchen.

Eines Nachmittags fand er Milika allein unter dem Apfelbaum. Sie las. Er ließ sich an ihrer Seite nieder. Die Waise schloß ihr Buch.

„Vàrady ist krank", sagte sie. „Er muß das Bett hüten", und setzte hinzu:

„Es ist besser so. Ich wollte mit dir allein sein."

Der Knabe antwortete nicht, er bebte innerlich.

Er fühlte sich krank, fiebrig und von einer unbekannten Angst geschüttelt. Allein zu sein mit einem weiblichen Wesen: war das nicht eine Sünde? Milika nahm seine Hand und näherte sie ihrem Mund, dessen Atem ein heißer Wind war. Michael schloß die Augen, um nicht sehen zu müssen, wie die Erde ihn verschlang. Mit atemberaubender Geschwindigkeit stürzte er tiefer und immer tiefer, der Hölle entgegen. Soeben hatte er seinen ersten Kuß bekommen.

Plötzlich stockte sein Herzschlag: seine Ohren nahmen

wunderliche, vertraute Geräusche wahr, die vergnügliches Knurren oder schmerzliches Stöhnen sein konnten. Ein Bild stand mit einemmal vor seiner Seele: Vàrady! Er kann nicht weit sein. Durch halbgeöffnete Lider sieht er die beiden jungen Leute, er beobachtet sie und genießt dabei seine Regieanweisung: ‚Sei nett zu ihm, Milika ...'

Mit letzter Kraft stieß er den Kopf des jungen Mädchens von sich, befreite sich aus ihren Armen, sprang auf und verließ im Laufschritt den Garten, keuchend, ohne zurückzublicken, als sei Satan oder dessen Frau, die schöne Lilith, ihm auf den Fersen.

„Das war nur ein Scherz", sagte ich. „Ein reizender kleiner Scherz. Ich war zwölf Jahre alt."

Mein Freund gab mir einen freundschaftlichen Stoß in den Rükken: „Und wie ich dich kenne, bist du natürlich nie wieder hingegangen? Oder?"

„Nein, Pedro. Ich habe nie wieder den Fuß in den verbotenen Garten gesetzt."

Pedro holte seine Pfeife hervor und stopfte sie aufmerksam. Er schien besorgt. Jedesmal, wenn sein Blick den mechanischen Bewegungen seiner Finger folgte, mit denen er langsam seine Pfeife stopfte, bedeutete das, daß er besorgt war, daß ein Gedanke ihn beschäftigte.

„Hör nicht auf", bat er. „Sprich weiter. Erzähl mir noch mehr."

„Wovon soll ich weitersprechen?"

„Von ihr. Von Milika. Sie war schön, sagst du."

„Sehr schön. Von betörender Schönheit voller Verheißung, voller Hingabe. In einer Hand hielt sie den Sturm, in der anderen die Stille: sie schenkte beides zusammen."

„Hättest du mit ihr schlafen können?"

„Ich weiß nicht, Pedro."

„Denk nach! Glaubst du, ja?"

„Ich glaube, ja. Aber dann wäre der Scherz vollkommen gewesen."

„Bist du sicher? War es ein Scherz? Wäre es nicht möglich, daß du nur aus Angst geflohen bist? Aus Angst davor, eine Todsünde zu begehen? Aus Angst davor, glücklich zu sein und die-

ses Glück mit einem Mädchen in einem Augenblick zu teilen, als ihr beide gegen Gott sündigtet? Aus Angst davor, das Gute im Bösen zu finden?"

Ich fühlte mich erblassen.

„Schweig, Pedro", flehte ich ihn an.

Mittlerweile hatte er seine Pfeife gestopft, schob sie zwischen die Lippen und zündete sie an. Dann hob er den Kopf und schaute mir fest in die Augen. Sein Blick war offen und frei. Er wartete geduldig und schien sagen zu wollen: „Sprich, ich verurteile dich nicht."

„Ich erinnere mich an eine Geschichte, die Vàrady mir eines Nachmittags erzählte. Er sprach von seinen Abenteuern, seinen Frauen, seinen Entdeckungen, seinen Siegen und Niederlagen. ‚Weißt du, was ich am meisten auf der Welt bedaure?' fragte er. ‚Daß ich nicht mit einer jungen Frau geschlafen habe, die mich dazu aufgefordert hatte. Ich war damals etwa fünfzehn oder sechzehn Jahre alt. Meine Eltern hatten mich in den Ferien in die Berge mitgenommen. Dort blieben wir einen Monat. Ich verbrachte meine Zeit mit einsamen Spaziergängen. Ich stand früh auf, um den Sonnenaufgang zu erleben, um Gott bei der Arbeit zu sehen. Ich liebte die sichere, unverrückbare Art, mit der die Sonne den Tannen, den Tälern, den Flüssen und den Wesen Gestalt verleiht.

Ich verglich sie mit dem menschlichen Denken: auch dieses hüllt alles ein und läßt dem Dunkel die Dinge, Ereignisse und Ideen enttauchen. Eines Morgens erlebte ich eine unerwartete Erscheinung: ich betrachtete gerade den Himmel, der sich am Horizont purpurn färbte, als das Gefühl mich befiel, beobachtet zu werden. Eine junge Frau, Haar und Körper noch in die Nacht gehüllt, betrachtete mich regungslos. Sie stand in nächster Nähe, höchstens zwei Schritte von mir entfernt. Ich hatte sie nicht kommen sehen. Sie schien vom Himmel gefallen oder der Erde entstiegen zu sein. Keiner von uns machte die geringste Bewegung. So standen wir einige Sekunden wie versteinert und blickten einander an wie zwei Wesen, die nach langer Trennung wieder voreinander stehen. Unvermittelt brach sie den Zauber. Ohne den Blick von mir zu wenden, begann sie sich zu entkleiden. Als sie nackt war, wartete sie. Aufrecht, unbeweg-

lich wartete sie auf mich. Ich aber brachte es nicht fertig, meine Augen von ihrem Körper loszureißen. Ich war noch religiös und fromm. Ich war dabei, mich auf die Askese vorzubereiten, und ich wußte in meinem tiefsten Innern, daß es eine Sünde ist, eine nackte Frau anzuschauen, aber ich rührte mich nicht, ich schloß auch nicht die Augen, ich flehte auch nicht zu Gott um Hilfe. Ein Sturm raste in meinem Blut, mein Magen drehte sich um, und noch immer blickte ich sie an. Plötzlich streckte sie den Arm gegen mich aus und schien auf mich zukommen zu wollen. In diesem Augenblick war die ganze Welt ein Frauenkörper. Er gab der Sonne ihre Wärme, ihr Licht, ihre Kraft. Als sie mich wie angewurzelt auf derselben Stelle stehen sah, streckte sie den anderen Arm aus. Ich fühlte mich so heftig von ihr angezogen, daß ich auf die Lippen biß, um nicht zu schreien. In diesem Augenblick ging die Sonne in ihrem Rükken auf. Mit ihren ausgestreckten Armen schien das junge Mädchen mit einemmal in ein blutgetränktes Laken gehüllt. Der Anblick des Blutes entriß mich meiner Starrheit. Ich machte kehrt und ging fort, bemüht, nicht zu laufen. Schön. Es will mir nicht gelingen, dieses Mädchen aus meinem verfluchten Gedächtnis zu streichen. Noch immer steht sie vor mir und streckt ihre von der Frühsonne beglänzten Arme nach mir aus. Die anderen Frauen habe ich vergessen oder kann sie beliebig vergessen. Diese nicht. Sie weicht nicht. Sie wartet noch immer darauf, daß ich näher komme, daß ich sie nehme, daß ich mich mit ihr, in ihr vereinige. Ich hätte es an jenem Morgen im Gebirge tun sollen. Vielleicht wäre dann vieles anders gekommen ...'"

Pedro, den Pfeifenkopf in der rechten Hand, wandte mir sein gespanntes Gesicht zu. Seine beiden bläulichen Schläfenadern waren geschwollen. Er wartete darauf, daß ich meine Erzählung fortsetzen würde. Als er begriff, daß ich geendet hatte, lachte er schallend heraus. Sein Gesicht blieb gespannt, aber er lachte und schlug sich dabei mit der linken Hand aufs Knie:

„Was für ein Witz! Welch kapitaler Witz! Dein Vàrady gefällt mir! Was er sagt, gefällt mir. Weiß Gott, er verdient die Unsterblichkeit."

Pedros Lachen erstarb ebenso rasch, wie es gekommen war. Dann legte er seine brennende Pfeife vor sich auf den Boden, stand auf, näherte sein Gesicht dem meinen und blickte mir dabei in die Augen:
„Verrate mir noch eines!" sagte er mit verhaltener, bebender Stimme. „Willst du seinetwegen in deine Heimatstadt zurückkehren? Um zu sehen, ob er noch lebt? Ob er wirklich unsterblich ist?"
Aufrecht vor ihm stehend, spürte ich das ganze Gewicht meines Körpers. Meine Knie wankten. Ich hatte gute Lust, mich fallen zu lassen. Nur mit äußerster Kraftanstrengung gelang es mir, gerade, starr vor ihm stehen zu bleiben und seinen Blick auszuhalten.
„Nein, Pedro", sagte ich zu meinem Freund. „Darum geht es nicht."
„Du willst behaupten, nicht das Ende seiner Geschichte gesucht zu haben? Du gibst vor, nichts von seinem Schicksal, von seiner Unsterblichkeit wissen zu wollen?"
„Ich behaupte nichts dergleichen", erwiderte ich. „Ich kenne das Ende der Geschichte, das greifbare konkrete Ende seiner Geschichte. Vàrady ist tot. Ja, tot. Er starb einige Tage, bevor wir die Stadt verließen. Als Jude wäre er trotz seines Alters deportiert worden. Er wurde es nicht, weil er nicht mehr am Leben war. Die Sache hat allerdings einen Haken. Bevor er sich das Leben nahm – denn er nahm sich das Leben –, ließ er Milika schwören, seinen Tod geheimzuhalten. Er wollte unbedingt, daß seine Legende sich erhalte. Das habe ich viel später von Milika in Paris erfahren."
Pedro atmete schwer und sagte keinen Ton. Dann bückte er sich ein wenig, musterte mich von oben bis unten und fragte sanft:
„Gut. Wenn er es also nicht ist, wozu dann dein Wunsch, in die Vergangenheit zurückzukehren? Warum nur, Michael? Sprich. Ich verspreche dir, ich werde es verstehen."
Ich zitterte vom Kopf bis zu den Füßen. Tausende von Mücken versetzten mir Nadelstiche ins Bein. Mein Kopf saß wie eine fremde Last auf meinen Schultern.
Angesichts meines Schweigens bückte sich Pedro, hob seine

Pfeife vom Boden auf und schob sie wieder in den Mund. Er mußte sie von neuem anzünden.

Der Offizier sagte:

„... dermaßen geschwollen, daß man ihm die Hosenbeine aufschneiden mußte. Wie ich dir's sagte. Er wollte unbedingt den starken Mann spielen. Er ließ nicht locker. Er bildete sich ein, er könne uns mürbe machen, uns! Uns am Gängelband herumführen, uns! Einen Tag, zwei Tage, drei Tage. Vielleicht sagte er sich, daß seine Hartnäckigkeit unsere Bewunderung auslösen und seine Begnadigung nach sich ziehen würde. Aber er kannte uns nicht. Er erweckte in uns nur Abscheu und Verachtung. Du hast keine Idee, wie häßlich, wie schauerlich man nach zwei Tagen aussieht. Ich habe es dir doch gesagt: seine Beine schwollen so stark an, daß man ihm die Hose aufschneiden mußte. Mit der Schere. Sie waren dick wie Säulen, seine Beine. Um in den Waschraum zu gehen, alle acht Stunden, mußte man ihn tragen wie einen Leichnam, mußte man ihn am Kopf und an den Beinen halten. Meinst du, daß das ein erfreulicher Anblick ist, ein Mensch, der wie eine Leiche aussieht?"

Der Offizier gähnte unbekümmert. Michael fror. Er schloß daraus, daß die Nacht ziemlich vorgerückt sein müsse, daß bald die Wache abgelöst werde, daß man ihn dann in den Waschraum führen würde. Dann würde er sich die Beine vertreten und die Kälte verscheuchen können. Er klappte den Kragen seiner Jacke hoch und sah dadurch zum erstenmal wie ein Gefangener aus.

Er versuchte die Beine zu bewegen. Zuerst das rechte, dann das linke Bein. Sie fühlten sich zentnerschwer an; wenn man sich jedoch anstrengte, gehorchten sie noch. Die Mücken hatten sie noch nicht aufgefressen. Sie haben Zeit. Nichts eilt hier. Sie haben drei Tage vor sich. Zweiundsiebzig Stunden.

Ich halte durch, sagte Michael zu sich. Fürchte nichts, Freund Pedro. Du wirst nicht verraten, weder von mir noch von meinen Beinen. Vielleicht werde ich sie verlieren. Aber ein Paar Beine gegen das Leben eines Freundes ist nicht teuer.

Michael muß lachen, wenn er an jene Zeit denkt, in der er

noch geglaubt hatte, durch selbstgewähltes Leiden die ganze Menschheit retten zu können. Nicht ein einzelnes Menschenleben dachte er damals zu retten, sondern das menschliche Leben schlechthin. Nicht einen Menschen, sondern den Menschen. Mittlerweile hat er diese Ideen aufgegeben. Er hat nicht mehr das Herz von einst. Er hat nur noch Beine, und nun sind es ausgerechnet seine Beine, an die er nie gedacht hat, die dazu aufgerufen sind, das Leben eines Freundes zu retten.

Es ist zwölf Jahre her. Er drückt die Tür des Kämmerchens auf, in dem Kalman, sein Lehrmeister mit dem vergilbten Bart, und seine Mitschüler Hersch-Leib und Menasche auf ihn warten.

„Meister", ruft er aus, „ich komme von weit her! Ich muß Ihnen etwas sagen. Etwas, was Sie nicht wissen. Hören Sie mich bitte an! Es ist wichtig!"

Der Lehrmeister klappt sein Buch zu, aber seine Hände bleiben auf dem schwarzen Einband liegen. Hersch-Leib und Menasche tun das gleiche.

„Ich bin gerannt", sagte Michael. „Ich bin elf oder zwölf Jahre gerannt. Ohne ein einziges Mal stehenzubleiben. Ich habe Raum und Zeit durcheilt, um Ihnen meine Entdeckung mitzuteilen."

Seine Hände halten das Buch umklammert. Mit geneigtem Kopf sagt der Meister:

„Sprich!"

Mit atemlos stockender Stimme erzählt Michael seine Erfahrung in wenigen Worten.

„Die Beine", sagt er. „Wir haben ihnen nie große Bedeutung beigemessen. Zu Unrecht. Auch sie sind imstande, Menschenleben zu retten. Nicht viele, wohlbemerkt. Aber einige. Ein einziges, ist das nicht genug?"

Eisiges, feindseliges Schweigen empfängt seine Worte. Michael hatte Jubel, Glückwünsche, Dank erwartet.

„Zu spät", sagt der Meister. „Du bist zu spät gekommen."

„Wieso zu spät?" ruft Michael aus.

Der Meister schweigt. Von fürchterlicher Vorahnung getrieben, neigt Michael den Kopf und blickt unter den Tisch. Und er versteht. Weder der Meister noch seine beiden Schüler haben Beine. Statt dessen sieht er runzlige Holzsäulen. Michael unterdrückt einen Schrei des Entsetzens.

„Du bist zu spät gekommen", sagte der Meister. „Was du uns erzählen wolltest, wußten wir schon. Diese Welt kann nicht mehr durch den Kopf, auch nicht durch das Herz gerettet werden. Keines von beiden vermag es. Jede Generation hat den Retter, den sie verdient. Die unsrige verdient die Beine. Die von morgen wird nicht einmal mehr das haben. Sie wird vielleicht durch die Würmer der Erde gerettet werden, durch die Seequallen oder die wilden Tiere – wer weiß?"

„Findest du das hübsch, einen Menschen, der statt der Beine runzlige Holzsäulen hat?" fragt der Offizier, ausgiebig gähnend.

Leise, ohne daß die Worte seine Kehle verlassen, erwidert Michael:

„Ja, ich finde es. Es gibt nichts Schöneres, nichts Kostbareres als einen Menschen, dessen Beine aus Holz sind. Kalman, Hersch-Leib, Menasche: ihre heitere dunkle Schönheit hat nicht ihresgleichen unter den Sterblichen. Ihnen zu gleichen wäre eine Ehre, eine Auszeichnung, ein menschenwürdiger Titel."

Kalman, Hersch-Leib, Menasche, wo seid ihr? Bis wohin haben euch eure Beine getragen? Bis nach Auschwitz? Endstation. Alle Welt steigt aus. Alle Beine steigen aus und verwandeln sich in Holz, um besser zu brennen. Wie viele Leben habt ihr gerettet? Um wie viele Jahre habt ihr die Verbannung des Weltalls verkürzt? Ah! was für ein Schauspiel, Beine, die brennen, sechs Beine, die brennen, zwölf Millionen Beine, die brennen!

In Szerencsevàros hielt man sie für Verrückte. Kalman mit seinem vergilbten Bart und seinen schmalen, krummen Schultern; Hersch-Leib, der Sohn des Schusters, der jedesmal, wenn er an eine schwierige Stelle im Talmud kam, sich die Nase kratzte; Menasche, das verschüchterte Waisenkind, das, von einer reichen Familie aufgenommen, alles, was es zu Hause bekam, unter die Armen verteilte.

Sie sind verrückt, hieß es in Szerencsevàros, der Stadt, die das Glück hatte, sie zur Welt kommen und heranwachsen zu sehen. Kalman, sagten die Leute, ist ein verrückter Lehrmeister, der seinen verrückten Schülern das Leben der Verrücktheit, die Verrücktheit des Lebens lehrt. Es ist ein Meister, der zu Beginn auf die Vernunft verzichtet, um sie hinterher im Herzen der Verrücktheit verschönt und gekräftigt wiederzufinden.

Kalman ist gefährlich, hieß es immer unter den Leuten. Sie kamen zu Michaels Vater gelaufen: ‚Vertrauen Sie Ihren einzigen Sohn keinesfalls Kalman an! Er wird ihn zerstören. Sie werden ihn verlieren!'

Aber Michael blieb fest, er stand in seinem dreizehnten Lebensjahr. Er war soeben Bar-mizwa geworden und hatte beim Borscher Rabbi erwirkt, ihm die Tefillinshei-Yad, die Gebetskapseln, zum erstenmal anzulegen. Vàrady, Milika waren vergessen, verdrängt. Mathematik und Physik waren aufgegeben. Gott allein existierte. Und nur Kalman wußte, wie man sich mit ihm vereinigt.

Das Jahr, das er an der Seite des Meisters verbrachte, war für Michael das schönste seines Lebens, das tiefste, das reichste. Mit einemmal hatten seine Handlungen einen Sinn, sie nahmen einen festumrissenen Platz in jenem riesigen Mosaik ein, dessen Umrisse sich unserem Verständnis entziehen. Gott war Gegenwart. Er war in jedem Ding, in jeder Gebärde. Selbst das Böse barg einen Blick Gottes, wie es die kabbalistische Lehre der Nitzotzot so poetisch sagt: jeder Mensch besitzt einen göttlichen Funken. Die Schechina ist die Summe dieser Funken. Wenn die Schechina – die göttliche Glorie – sich mit Gott vereinigt, wird die Welt endgültig befreit sein.

Bei Kalman begann der Unterricht um sechs Uhr morgens und endete erst nach Mitternacht. Die ersten Stunden des Vormittags waren den Mussar-Büchern geweiht; dann kamen die Talmudischen Traktate an die Reihe; abends ließ man sich von dem herrlichen Wort des Sohar, dem Buch des Glanzes, mitreißen, in dem die Wahrheit sich dem Menschen hingibt wie eine Frau ihrem Geliebten: in völliger Selbstaufgabe, mit geschlossenen Augen.

Michael mußte einen starken Widerstand seines Vaters überwinden, um sich Kalmans Schülern anschließen zu können. „Ich mag die Fanatiker nicht", hatte er nachdrücklich gesagt. „Sie leben nicht. Sie wählen die Ewigkeit und vergessen dabei das Leben, das gesunde, einfache und fröhliche Leben: das Leben, das aus Lachen, Narreteien, aus täglichen Hoffnungen, kindlichen Wahnbildern, aus Abenteuern ohne Morgen besteht."

Aber der Knabe wußte die Mutter auf seiner Seite. Sie kannte Kalmans Ruf: man fürchtete ihn, gewiß, aber man bewunderte ihn auch. So hoffte sie, daß die allgemeine Bewunderung für Kalman auch auf ihren Sohn übergehen würde. In den Augen der Leute kam die Tatsache, Schüler des Meisters mit dem vergilbten Bart zu sein, einem Titel gleich. „Gott hat mir einen Sohn geschenkt", sagte sie, „Er wird stolz auf ihn sein."

In jenem Jahr war Michaels Leben kaum normal zu nennen. Sein Vater hatte recht gehabt. Der Knabe ließ sich kaum noch zu Hause blicken. Er aß wenig, schlief wenig, sprach wenig. Den ganzen Winter hindurch fastete er montags und donnerstags. Am Schabbat öffnete er die Lippen nur zum Gebet. Der Grund: das Schweigen läutert den Mund. Er fand Vergnügen an der Askese. Durch die Kasteiung des Körpers hoffte er die Macht des Geistes zu erhöhen. Es kam vor, daß er in aller Herrgottsfrühe aufstand und sich nackt im Schnee wälzte. Er nahm eiskalte Bäder. Er magerte ab und verzehrte sich sichtlich. Die Mauer, die er zwischen sich und den anderen aufrichtete, wurde höher und stärker.

Darunter litt sein Vater furchtbar. Eines Tages wartete er bis zwei Uhr nachts auf die Rückkehr seines Sohnes, dann befahl er ihm, sich vor ihn hinzusetzen, und fragte:

„Warum willst du unbedingt krank werden?"

„Mein Körper stört mich, Vater", antwortete Michael einfach.

Der Vater seufzte. Mit entsagungsvoller Stimme wies er ihn zurecht:

„Er stört dich, weil du ihn als Feind behandelst, was er nicht ist. Er ist ein Geschenk Gottes, genauso wie die Seele. Gott offenbart oder verbirgt sich ebenso im einen wie im andern. Im Körper zeigt er sich sichtbar: warum schlägst du ihn dann? Wenn die Seele das Bindeglied zwischen dir und Gott ist, ist es der Körper zwischen dir und deinen übrigen Mitmenschen.

Warum ihn also zerstören? Den Körper zu töten, eine Möglichkeit der Bindung zwischen einem Menschen und einem anderen auszulöschen, ist ebenso schlimm wie das Leben zu töten. Gott ist deshalb Gott, weil er Bindeglied ist: zwischen den Dingen und den Wesen, zwischen Herz und Seele, zwischen dem Guten und dem Bösen, zwischen der Vergangenheit und der Zukunft. Gott gleichen heißt: unser eigenes Bindeglied vervollkommnen, es erweitern, es wahrer, nützlicher, strahlender zu machen. Wer nicht für den Menschen lebt – für den Menschen von heute, für den, der neben dir geht und den du sehen, berühren, lieben und hassen kannst –, macht sich von Gott ein falsches Bild."

Seine Worte trafen jedoch taube Ohren. Michael hörte kaum zu. Er las nicht den Schmerz auf dem Antlitz seines Vaters.

Kalman und seine drei Schüler lebten außerhalb der Zeit. Die Welt ging in Trümmer, aber sie hörten nicht darauf. Stalingrad, Tobruk, El-Alamein: Namen, die nie an ihr Ohr gedrungen waren. Der Krieg verwüstete Europa, ganze Städte versanken in einer einzigen Nacht, Völker starben in Schande, andere standen auf im Zorn, Leichname häuften sich, Millionen Menschen dachten nur noch daran, andere Millionen Menschen zu töten, eine riesige Maschinerie zermalmte, verbrannte zehntausend Juden am Tag, zehntausend Juden am Tag, systematisch, nach einem wirksam ersonnenen Plan, der Todesengel herrschte als tückischer Herr – aber die Ohren Kalmans, Hersch-Leibs, Menasches und Michaels blieben für den Donner der Geschichte taub. In der Obhut ihrer Bücher versuchten sie, den Kern ihres Seins aufzugeben, um an den Urquell der Zeit zurückzuwandern.

Eines Tages hörte Michael in der Vorhalle der Synagoge einen Fremden ein Gebet sprechen, das ihn verwunderte: „Ach Gott! Bleib bei mir, wenn ich deiner bedarf, aber verlaß mich besonders dann nicht, wenn ich dich leugne."

Michael erzählte es seinem Lehrmeister, der freudig ausrief: „Wie schön! Wie schön! Sag's mir noch mal auf!"

„Ach Gott! Bleib bei mir, wenn ich deiner bedarf, aber verlaß mich besonders dann nicht, wenn ich dich leugne."

„Noch mal, noch mal!“ sagte Kalman begeistert.

„Ach Gott! Bleib bei mir ...“

Michael mußte es fünf- oder sechsmal aufsagen.

Später gegen Abend, zwischen dem Mincha-Gebet und dem Maariw-Gebet, fand er die Gelegenheit, seinen Lehrer zu fragen:

„Was ist an diesem Gebet so ungewöhnlich?“

Freundschaftlich legte Kalman seine Hand auf die Schulter des Knaben:

„Jeder Mensch hat ein Gebet, das ihm allein gehört, wie er eine Seele hat, die ihm allein gehört. So wie es dem Menschen schwerfällt, seine Seele zu finden, so fällt es ihm auch schwer, sein Gebet zu finden. Die meisten Menschen leben mit Seelen und sprechen Gebete, die nicht die ihren sind. Heute, Michael, hast du dein Gebet gefunden.“

„Und die Seele?“ wollte der Schüler ergriffen wissen. „Die Seele, die in mir ist: gehört sie mir?“

„Befrage sie“, antwortete der Lehrer.

Während der darauffolgenden Wochen dachte Michael nur noch daran: was für eine Seele trage ich in mir? Wem gehört sie? Oder ist sie die meine? In welchem Körper lebt sie? Wer bin ich? Was bin ich? Und besonders: wo bin ich? Könnte es sein, daß ich in der Lüge, im Irrtum, an einem falschen Ort lebe? Bin ich vielleicht ein anderer?

Oft beobachtete er seine beiden Mitschüler und fragte sich, ob sie diese Frage schon gelöst hatten. Sie waren älter als er, Hersch-Leib kratzte sich immer häufiger an der Nase, Menasche war schon ganz faltig, und beide waren bereits mit anderen Fragen, mit anderen Vorhaben beschäftigt.

Hersch-Leib und Menasche gingen mit ihm jeden Schabbat zum Mahl von Bein-Haschmaschot, des Rabbi aus Borsche, der im Hause gegenüber wohnte. Es ist die schönste und traurigste Andacht des Schabbats und findet gegen Abend statt, in der Stunde, die „die beiden Sonnen“ trennt. Dann herrscht ein zugleich beunruhigendes und erregendes Dunkel in der kleinen Synagoge. Es ist die Stunde, in der das Tagesgestirn bereits versunken ist, während das der Nacht sich noch nicht gezeigt hat. Am Kopfende des langen schmalen Tisches singt der Rabbi leise. Man sieht ihn nicht. Selbst sein schneeweißer Bart hebt sich nicht von der Dunkelheit ab. Die Schatten der Chassidim schweben vor den Wänden und stimmen in den Gesang des Rabbi ein, übertönen ihn jedoch nicht. Ihr Gesang, von zarter, reiner Schwermut, tönt von weither. Der Schabbat enteilt, man will ihn nicht ziehen lassen. Man sucht ihn zurückzuhalten, ihn zu verlängern. Denn die Zeit des Schabbats unterscheidet sich von der Zeit der Woche. Gemacht aus Freude und Fülle, schenkt sie den Gequälten Frieden, Hoffnung den hoffnungsmüden Herzen. Die Wochenzeit ist nicht aus Hoffnung geschnitten. Wenn der Messias kommen wird, werden alle Tage der Woche sich auflösen, und übrigbleiben wird nur der Schabbat. Daher ist der Gesang des Rabbi auch so traurig, und seine Stimme klingt so gebrochen. Der Schabbat vergeht, und das bedeutet, daß auch in dieser Woche der Messias noch nicht kommen wird.

Im Verlauf eines solchen Bein-Haschmaschot-Gottesdienstes erfuhr Michael, was er wissen wollte.

„Eines Tages", sagte plötzlich Hersch-Leib, „werde ich Kraft genug haben, um den Schabbat zurückzuhalten."

„Das ist gefährlich", sagte Menasche. „Es ist gefährlich, die Dinge herbeizuzwingen, das Ende überstürzen zu wollen. Die Welt ist vielleicht noch nicht reif. Man muß ein Zeichen abwarten, ein Zeichen."

Ihre lichten, fast durchsichtigen Schatten schwebten vor den Schatten der Chassidim im Rhythmus des Gesangs, der, den Schabbat auf seinem sechstägigen Weg begleitend, ihm Lebewohl sagte, komm schnell wieder, so schnell du kannst, schneller als du kannst.

„Man muß es versuchen", sagte Hersch-Leib mit glühender Stimme. „Man muß es versuchen, denn ..."

Er brach ab, ein Weinkrampf schüttelte seine Schultern, fast erstickte er.

„Man muß ... man muß es versuchen ... denn ... denn ich kann nicht mehr!"

Er verbarg sein Gesicht in den fiebrigen Händen und wiederholte endlos dieselben Worte:

„Ich kann nicht mehr ... ich kann nicht mehr ..."

Hersch-Leib, der Schusterssohn, verlor als erster der drei Schüler den Verstand. Es geschah wenige Wochen nach seiner Krise in der Synagoge. Sein Vater, ein hochgewachsener, breitschultriger Mann, erschien eines Morgens bei Kalman und begann zu toben. Hersch-Leib hatte das Elternhaus kurz vor Mitternacht verlassen. Man hatte ihn soeben in der Nähe der alten Synagoge bewußtlos aufgefunden.

Kalman eilte unverzüglich zu seinem Schüler. Er befahl den Eltern und den anderen Familienangehörigen, aus dem Zimmer zu gehen und ihn allein mit dem Kranken zu lassen. Einige Stunden später ging er wortlos fort.

Hersch-Leib stand nicht mehr von seinem Bett auf. Er schien vollkommen gelähmt. Seine weitaufgerissenen Augen sagten, daß er nichts mehr zu sehen habe; sein verschlossener Mund schrie, daß er nichts mehr zu sagen habe. Eine seltsame Apathie hatte sich seiner bemächtigt. Stundenlang starrte er vor sich hin, ins Unbestimmte, fast ohne die Lider zu bewegen. Sein Vater klagte nur: „Ich will nicht, daß man ihn ins Irrenhaus schleppt ... Ich will nicht, daß mein Sohn eingesperrt wird ..."

„Kalman ist wahnsinnig und überträgt seinen Wahnsinn auf seine Schüler!" sagten die guten Leute von Szerencsevàros. Und die Freunde von Michaels Eltern kamen zu seinem Vater gelaufen und flehten unablässig: „Rette ihn, rette ihn, solange es noch Zeit ist!"

Dies zog eine neue Unterhaltung zwischen Vater und Sohn nach sich:

„Hast du keine Angst, Michael?"

„Nein, Vater."

„Aber ich."

„Fürchte nichts. Ich bin widerstandsfähiger als Hersch-Leib."

Weniger als drei Monate später war es Menasche, der dem Wahnsinn verfiel. Man sperrte ihn ein. Die Stadt geriet völlig aus dem Häuschen. Man sprach, man stritt über nichts anderes. „Kalman ist verrückt!" schrien die Leute vor ihren Häusern, in der Synagoge, auf dem Markt.

„Nun, Michael?" fragte der Vater.

„Ich habe keine Angst."

„Mein Sohn! Wir schlafen nicht mehr, deine Mutter und ich! Wir schweben in tausend Ängsten."

„Du kannst ganz beruhigt sein, Vater. Es wird mir nichts geschehen."

Und in der Tat: Michael folgte nicht dem Beispiel seiner Kameraden. Die Deutschen retteten ihn. Kurz darauf besetzten sie Szerencsevàros, so daß jedes geregelte Leben aufhörte. Die Schulen wurden geschlossen, die Synagogen verriegelt. Michael mußte von seinem Lehrer Abschied nehmen.

„Ja, Pedro", sagte ich. „Sie waren verrückt. In jenen Jahren neunzehnhundertunddreiundvierzig, neunzehnhundertundvierundvierzig mußte man verrückt sein, um an die Macht des Menschen über sein Schicksal zu glauben, um die Möglichkeit der Erlösung, des Trostes in Betracht ziehen zu können; man mußte den Verstand verloren oder geopfert haben, um an Gott zu glauben, um an den Menschen zu glauben, um an eine Versöhnung zwischen beiden zu glauben. Ja, Pedro. Sie waren verrückt, sage ich dir. Vollständig verrückt waren sie, Kalman, Hersch-Leib und Menasche. Vollständig durchgedreht.

Pedro zog an seiner Pfeife, machte ein paar Schritte und kehrte an seinen Platz mir gegenüber zurück: „Was ist aus ihnen geworden?"

„Holz", sagte ich. „Sie verwandelten sich in Holz. Als ich sie zum letztenmal sah, wanderten sie in den Tod. Die Verrückten wurden als erste fortgetrieben. Kalman marschierte voran, wie um den Weg zu weisen: er war ja der Lehrmeister. Hersch-Leib und Menasche, den man aus der Irrenanstalt geholt hatte, folgten auf Tragbahren hinterher. Noch in der gleichen Nacht stiegen sie zum Himmel auf, auf den Flammen reitend, in denen der Schmerz eines ganzen Volkes verbrannte. Du bist mein Freund, Pedro. Kannst du dir dieses Schauspiel vorstellen?" Mit gespanntem, weißglühendem Gesicht nahm Pedro wieder seinen Gang durchs Zimmer auf. Er konnte nicht auf einem Fleck stehen bleiben. Er hätte gerne etwas getan. Aber was konnte er tun? Selbst Gott hat nur Einfluß auf die Zukunft. Die Vergangenheit entzieht sich ihm.

Plötzlich pflanzte er sich vor mir auf und schleuderte mir seinen ganzen Zorn entgegen:
„Dein Gebet gefällt mir nicht! Es ist zu demütigend! Es schenkt Gott, was Er nicht verdient: die bedingungslose Treue. Auch ich habe ein Gebet, was mir gehört – nach Maß gemacht. ‚Ach Gott, gib mir die Kraft, gegen dich zu sündigen, mich deinem Willen zu widersetzen, dich gefangenzusetzen, dich lächerlich zu machen!' Das ist mein Gebet."
„Es gefällt mir", sagte ich. „Es ist das Gebet eines Verrückten."
Pedro ballte die Fäuste. Dann öffnete er die Hände und legte sie mir auf die Schultern:
„Noch eine Frage, Michael. Zieht dich darum deine Geburtsstadt so stark an? Willst du dich davon überzeugen, ob Kalman seinen Wahnsinn zurückgelassen hat? Damit du ihn übernehmen kannst?"
Traurig schüttelte ich den Kopf:
„Nein, Pedro. Das hat nichts mit meinem Lehrer und seinem Wahnsinn zu tun. Vielleicht mit dem meinen. Aber stelle mir keine Fragen mehr. Mir ist kalt."

In diesem Augenblick klopfte der Offizier Michael auf die Schulter:

„Wachablösung! Zum Waschraum! Kannst du noch laufen! Ja? Freu dich nicht! Noch nicht! Es ist noch zu früh! Warte noch bis morgen."

Michael hatte das Gefühl, mit jedem Schritt ein totes Gewicht zu heben. Aber es gelang ihm, den Kopf hochzuhalten, als ob dies etwas bedeute.

Zweites Gebet

Es klopfte an die Tür. Zunächst schüchtern, dann stärker, beharrlich.

„Was gibt's?" rief Michael.

Als wüßte er es nicht! Er ist zurückgekommen! Er hat geschworen, sich meines Schattens, meines Schlafs zu bemächtigen! Er hat mein Bild mitgenommen und sagt sich nun, daß ich ihm gehöre.

„Ich möchte dich sehen, mit dir sprechen, mit dir zusammensein! Bin ich nicht dein Bruder? Du hast's mir doch selbst gesagt. Ich brauche dich, Michael!"

„Geh! Geh fort, Jankel! Und komm nicht wieder! Ich habe dir nichts zu sagen, nichts zu geben!"

Der kleine Tor! Zu überleben, um sich von einem Lastwagen überfahren zu lassen! Konnte er nicht aufpassen? Konnte er nicht die vorgeschriebenen Übergänge benutzen wie jedermann? Vielleicht hat er's absichtlich getan, für mich. Ja, warum nicht? Auf diese Weise würde ich keine Angst, keine Scham mehr empfinden. Ich würde keine Lust mehr verspüren, im Dunkeln mit dem Kopf gegen die Wand zu rennen. Eigentlich kann ich ihn danach fragen, dachte Michael. Ich kann die Tür aufmachen und sagen: „Na schön, komm rein. Unter einer Bedingung: sag mir, ob du sterben wolltest." Jankel würde einverstanden sein. Er würde nur zu gerne sprechen wollen. Freilich hätte die Sache einen Haken. Er würde nicht mehr aufhören. Wenn die Toten einmal den Mund aufmachen, bringt sie nichts mehr zum Schweigen. Man kann sich nur noch die Ohren ausreißen oder Mittel und Wege suchen, schleunigst zu verschwinden.

„Scher dich, Jankel! Laß meine Tür in Ruhe! Geh fort!"

„Warum stößt du mich zurück? Was habe ich dir getan? Ich war dein Freund. Ich war bei dir in dem Augenblick, als die Nacht dicht und düster wurde. Weißt du's nicht mehr?"

„Ja. Aber ich will mich nicht daran erinnern. Ich will nicht, daß du dich daran erinnerst."

„Würdest du Angst haben?"

„Ja, ich habe Angst. Ich habe Angst vor dir; vor mir, der in dir ist."

Er machte ihm nicht die Tür auf. Schweigen. Warten. Ist Jankel noch da? Ja. Ist er fortgegangen? Ja. Er ist da und nicht mehr da. Von nun an gibt es nicht einen einzigen Jankel, sondern tausend, zehntausend. Eines Tages werden sie beschließen, die Tür einzurennen, dann werden sie mich in Stücke reißen. Und niemand wird wissen, warum.

Als Jüngling nach Paris gekommen, war Michael dort ein Mann geworden. Das erste Jahr wohnte er allein in einem Zimmerchen im Stadtteil Hôtel-de-Ville. Ein steinreicher Onkel aus New York schickte ihm zehn Dollar im Monat, und diese Summe reichte aus, um die Miete, die Waschfrau und den Bäkker zu bezahlen. Zehn Dollar entsprachen fünftausend Franken, und das war im Nachkriegsfrankreich ein Vermögen.

Er kannte in Paris keine Menschenseele. Er besuchte keine Gesellschaften, schloß sich keiner Gruppe an, empfing nie Besuch. Seine Wirtin lachte über ihn, seine Nachbarn warfen ihm neugierige Blicke zu, der Bäcker wußte, daß man ihm alle zwei Tage einen Laib Weißbrot aushändigen mußte, wenn auch ohne das übliche ‚Wie geht's?'

Um nicht zu straucheln, brauchte er viel Einsamkeit, Stille und Sammlung. Er suchte seinen Gott, er stellte ihn. Ich werde Ihn finden, sagte er sich. Bei mir wird Er sich nicht so leicht aus der Affaire ziehen wie bei Hiob. Bei mir wird Er nicht so leicht gewinnen. Mit mir wird die Partie kein Kinderspiel sein. Mir macht Er keine Angst. Mich schüchtert Er nicht ein.

Michael ließ nicht ab, gegen Hiob zu wettern. Dieser biblische Rebell hätte sich nicht unterwerfen sollen. In letzter Minute hätte er das Haupt erheben, die Faust schwingen und einen gellenden Schrei der Weigerung gegen die transzendente, unmenschliche Gerechtigkeit ausstoßen sollen, vor der das Leiden in der Waagschale nichts gilt.

Ich werde mich nicht unterkriegen lassen, sagte Michael zu

sich. Ich werde Ihn fragen: was bedeutet dieses Versteckspiel, das Du mit Deinem Ebenbild treibst? Du sagst, Du hast den Menschen geschaffen, um ihn zu versuchen: das beweist nichts. Außerdem ist der Kampf allzu ungleich. Schließlich verlange ich auch keine Erklärung, sondern eine klare, eindeutige, in menschlicher Sprache formulierte Antwort!

Während des Krieges hatte Michael Heilige zu Verbrechern werden sehen: all das einzig und allein wegen eines Stückchen Brots, einer kleinen schmutzigen Brotkruste. Dieser Kanten Brot war also imstande, die Ordnung der Dinge zu verändern und das Gebäude der Schöpfung umzustoßen! Diese erbärmliche Brotrinde besaß also die Macht, all das, was der Allmächtige in Seiner Weisheit geschaffen hatte, zu vernichten! Nehmen wir an, daß in diesem Augenblick das Stückchen Brot nur den Gehorsam gegen Gott erzwingen und nur den Willen Gottes vermitteln wollte. Aber wozu? Wozu diese Kunstgriffe? Diese Verwandlungen? Lehren sie den Menschen, daß die Jakobsleiter noch immer steht? Daß der Mensch ein Schlachtfeld ist, auf dem zwei Kräfte einen hoffnungslosen Kampf austragen, dessen Ausgang ihm unbekannt ist? Ist denn nur das der Sinn unseres Wandelns auf dieser verfluchten Erde? Ich will es wissen! Ich will unbedingt, daß man es mir sagt!

Jenes ganze Jahr tat Michael nichts anderes, als Gott verbissen zu verfolgen. Er verbrachte schlaflose Nächte, um sich zu befragen, um den Stimmen der Alten zu lauschen: vielleicht wußten sie es. Ich werde Ihm nachgehen, sagte er sich. Ich werde Ihm überall in die Zeit und in die Welt folgen. Er wird mir nicht entkommen, ich werde Ihm auf den Fersen bleiben, komme, was da mag, ob es Ihm gefällt oder nicht. Er hat mir meine Kindheit genommen, ich habe ein Recht, Ihn zu fragen, was Er damit gemacht hat.

Entschlossen, durchzuhalten, wendete er nicht den Blick von dem Ziel, das er sich gesetzt hatte. Er dachte an nichts anderes. Nicht einmal an seine verschwundenen Angehörigen. Besonders nicht an sie. Er sagte sich: ich habe mein ganzes Leben, um mich an sie zu erinnern. Im Augenblick war es ihm wichtiger, zu begreifen und sich eine Sicherheit zu schmieden.

Wenn Gott nicht existiert, muß man es dem Alten im Wald mitteilen.

Wütend beobachtete er sich. Sein glühender Blick durchsuchte die verstecktesten Winkel seines Seins. Wo ist er? Wo verbirgt er sich? In den Augen? Im Bauch? Im Mund? Wie ein Kind verbrachte Michael ganze Tage, um seinen eigenen Körper zu entdecken.

Nur ein bleicher Junge klopfte von Zeit zu Zeit, besonders donnerstags, an seiner verriegelten Tür. Er war kaum zwölf oder dreizehn Jahre alt, aber seine Schultern schienen bereits gebeugt zu sein.

„Laß mich rein, Michael!" bat er. „Ich bin's. Erkennst du meine Stimme?"

„Ich erkenne deine Stimme. Aber ich will dich nicht sehen. Versteh mich, ich muß allein sein. Ich brauche alle meine Kräfte, um in meiner Arbeit vorwärts zu kommen. Ich kann weder dich noch irgend jemand anderes empfangen. Geh fort!"

Jankel. Der kleine Prinz. Sein Beiname in der Nacht. Er war nicht böse, nicht wirklich böse. Er kränkte jeden, merkte es aber nicht. Er war zu jung, zu einfältig, um aus der Böswilligkeit eine Verhaltensweise zu machen. Der Beweis dafür war, daß bei der Befreiung die Gefangenen ihn in Ruhe gelassen hatten. Sie hatten zwar alle Herren des Lagers festgenommen, aber obgleich er zu ihnen gehörte, hatten sie ihn ungeschoren ziehen lassen. Man hatte sich gesagt: es ist nicht seine Schuld, seine Bosheit ist ein verspätetes Leiden. Der Ärmste, er wird noch lange leiden!

„Ich muß mit dir reden, Michael! *Dort,* weißt du noch, dort hast du gerne mit mir gesprochen!"

„Dort ja, aber hier nicht. Ich habe nicht das Recht. Nicht mehr. Später spreche ich wieder mit dir. Wenn ich fertig bin. Hab Geduld, Jankel! Geh wieder in die Schule!"

Bei seiner Ankunft in Frankreich war Jankel von einem Hilfswerk in eine Elementarschule geschickt worden, in der er sich jedoch keineswegs wohl fühlte. Als Ältester und als Schrecken der Klasse blieb er keine Minute stillsitzen. Er konnte weder lesen noch schreiben, er sprach keine einzige

Sprache richtig. Unter viel jüngeren Kindern die Schulbank drücken zu müssen, brachte ihn außer Rand und Band. In einem Gemisch aus Jiddisch, Polnisch und Deutsch beleidigte er regelmäßig die Lehrerin, die nicht wußte, wie sie ihn bändigen sollte.

In den beiden *dort* verbrachten Jahren hatte er all das gelernt, was man über die Menschen und ihre wahre Natur wissen kann – alles, wenn nicht noch mehr. Warum hatten die Deutschen ihn dann verschont, ihn, während eine Million jüdischer Kinder zu Asche verbrannt worden waren? Unerklärliches Geheimnis.

Im Lager, wo Michael ihn kennengelernt hatte, war er der Pipel, der Liebling der Blockwarte. Für sie war er der Beweis, daß es irgendwo in der Welt, jenseits von Stacheldraht und heiserem Geschrei noch etwas gab, das der Kindheit ähnelte.

Gut genährt und warm gekleidet, wanderte der kleine Prinz zwischen den Baracken umher und rief Neid, Furcht oder Mitleid hervor. Er besaß die Macht über Leben und Tod von Menschen, die ihn nicht anschauen konnten, ohne an ihre eigenen Kinder zu denken, die der Wind zerstreut hatte. Er, der Kleine, erteilte ihnen Befehle, die sie eilends ausführten. Man fürchtete seinen Zorn, denn er glich dem der Herren. Einmal ohrfeigte er einen Gefangenen, dessen kränkliches Aussehen ihm mißfallen hatte. Der Mann fiel auf die Knie. „Steh auf!" befahl der kleine Prinz. „Es war nur Spaß." Der andere beeilte sich, dem Befehl nachzukommen. Befriedigt zog Jankel ein Stück Brot aus der Tasche und reichte es ihm. „Danke", murmelte der andere. „Vielen Dank. Ich weiß, daß es nur Spaß war."

Man empfand keinerlei Haß gegen ihn. Eher eine Art von Mitleid. Man sagte sich: „Armes Kind, sie töten sein Herz, sie vergiften seine Seele. Er ist zu jung, um ihnen zu widerstehen. Er weiß nicht einmal, daß man ihnen widerstehen muß. Armes Bürschchen! Wir haben wenigstens unsere Kindheit gehabt. Er nicht."

Er war nicht böswillig, Jankel, obgleich er sich oft genug grausam zeigte. Kinder sind so. Sie verursachen Leiden, weil sie nicht, noch nicht wissen, was leiden heißt. Es machte ihm einfach Spaß. Jene betagten Männer, die bei seinem Näherkommen verstummten, die sich vor ihm demütigten, die in seiner Gegenwart den Nacken beugten, amüsierten ihn einfach. Er legte es nicht einmal darauf an, ihnen weh zu tun. Er wollte sie nur in wehrlose Kinder ohne Stolz verwandelt sehen. Aber nachher unterließ er nie, sie zu entschädigen.

Eines Tages trat Michael zu ihm:

„Du mußt meinen Vater retten. Man hat ihn auf eine Transportliste gesetzt. Nur du kannst erreichen, daß sein Name aus der Liste gestrichen wird."

Der kleine Prinz machte große, erstaunte Augen:

„Brauchst du mich auch? Ich habe geglaubt, nur die Erwachsenen hätten meine Hilfe nötig."

„Ich bin erwachsen", sagte Michael.

„Wie alt bist du?"

„Das hat nichts zu sagen. Hier altert man rasch. Man lebt zu nahe am Tod. Die Nähe des Todes macht alt."

„Du lügst! Du willst mich nur erschrecken! Ich bin nicht alt! Ich werde nie altern!"

„Erspar dir deinen Zorn. Alle Welt altert."

„Ich nicht! Verstehst du mich? Ich nicht. Und ich will, daß du es zu mir sagst. Sonst tue ich nichts für deinen Vater."

Michaels Gesicht verdüsterte sich:

„Das war nur Spaß, kleiner Prinz. Du wirst nicht altern. Du nicht."

Michaels Vater wurde diesmal nicht mit dem Transport fortgeschickt. Nun entstand eine seltsame Freundschaft zwischen den beiden jungen Gefangenen. Nach der Rückkehr der Arbeitskommandos besuchte Jankel oft Michael zu einem Plauderstündchen. Bei solchen Gelegenheiten brachte er ihm dann Brot und Suppe mit, die Michael an seinen Vater weitergab.

„Liebst du ihn denn so sehr?"

„Ja. So sehr. Und noch mehr."

„Wie macht man es: jemanden lieben?"

„Man macht nichts, man liebt eben."

„Du hast Glück. Auch ich möchte lieben."

Jankels Vater war an dem Tage getötet worden, an dem man

das Getto evakuierte: ein Soldat schoß ihm eine Kugel ins Genick. Einfach so. Grundlos, ohne Zorn, ohne mit der Wimper zu zucken oder seinen Gesichtsausdruck zu verändern. Er steckte seine Mauserpistole wieder ein, warf einen vagen Blick auf den Leichnam, der sich noch bewegte, und schlenderte zu seinen Kameraden, um mit ihnen zu schwatzen. Michael hatte mehr Glück. Sein Vater starb kurz vor der Befreiung auf einer verfaulten Strohmatratze.

„Mach auf, Michael! Mach auf!"

„Geh fort, Jankel! Ich muß allein sein!"

Jankel stand neben ihm. Michaels Vater war dabei, seine Seele auszuhauchen: sein Gesicht wurde schwarz, und Michael betrachtete es. Jankel beobachtete nicht den Toten. Mich mustert er, dachte Michael. Das hatte er ihm nie verziehen.

Eines Tages stellte der Onkel aus New York seine monatliche Unterstützung ein.

Er war verstimmt, der Herr Onkel: seine Wohltätigkeitskrise war vorüber. Der Millionär aus Manhattan erwartete von seinem Neffen mehr Anerkennung in seinen Briefen, mehr Überschwang und wärmeren Dank. Michael hatte allerdings nie gelernt, Dank ins gesprochene oder geschriebene Wort umzusetzen. Der Onkel sah darin ein Zeichen von Undankbarkeit und teilte ihm infolgedessen mit, daß er gut daran täte, sich so rasch wie möglich einen anderen Onkel zu suchen. Michael hatte jedoch keinen anderen Onkel zur Hand.

Der Hunger beunruhigte ihn nicht sonderlich. Er hielt sich für stark genug, ihm zu widerstehen. Als er noch bei Kalman lernte, hatte er die Kunst geübt, seinen Körper zu beherrschen: essen wurde zu einer Sache ohne Bedeutung. Er liebte die Mahlzeiten nicht, er nahm sie widerwillig ein. Daher beunruhigte ihn der Gedanke, bald kein Brot mehr kaufen zu können, nur wenig. Von Gott erwartete er etwas anderes als das tägliche Brot.

Dagegen machte er sich Sorgen wegen der Miete. Neunhundert Franken im Monat! Man widersteht seinem Magen leichter als seiner Wirtin. Sie würde keine Sekunde zögern, ihren „kleinen Priester" auf die Straße zu setzen.

An jenem Abend ging Michael in die in der Nähe des Faubourg Montmartre gelegene Synagoge, von der er wußte, daß sie von Flüchtlingen Zentraleuropas besucht wurde. Er mußte so rasch wie möglich Geld und Arbeit finden. Sie mußten wissen, wie und wo dies zu finden war.

Klopfenden Herzens drückte er die Tür auf. Seit Szerencsevàros hatte er kein Gotteshaus mehr betreten. Unerklärliche Angst befiehl ihn. Was würde er drinnen vorfinden? Vielleicht seine Träume, die schwermütigen Gesänge des Rabbi von Borsche, die stille, ekstatische Sammlung Kalmans.

Die Synagoge war fast leer. Kaum zwanzig Gläubige waren zu sehen, die sich anschickten, das Maariw-Gebet zu sprechen; das Mincha-Gebet war schon gesprochen worden. Sie plauderten. Politik, Hochfinanz, die Lage in Palästina. Michaels Herz schnürte sich zusammen. Er erinnerte sich an die Synagoge seiner Kindheit, in der die Außenwelt keinen Platz hatte.

Ein Mann löste sich aus der Gruppe und trat auf ihn zu: „Scholem Aleichem", sagte er und streckte ihm die Hand hin.

„Aleichem Scholem."

„Woher sind Sie?"

„Aus Ungarn. Aus Szerencsevàros."

„Wirklich? Wie heißen Sie?"

Michael nannte seinen Namen. Der Mann rief freudig aus, er habe Michaels Vater gekannt. Auch er komme soeben aus Ungarn. Szerencsevàros sei auf seiner Strecke gelegen. Er habe dort viele Bekannte, Goldblatts, Schreibers, Fuchs.

„Ich habe Ihren Vater gekannt. Ein Mann von seltener Intelligenz. Ist er tot?"

„Er ist tot", antwortete Michael.

Der Tonfall der Frage war wie der Ton der Antwort: distanziert, kühl, unpersönlich. Nach dem Kriege fragte man stets: „Ist dein Vater tot?" etwa wie man fragen würde: „Arbeitet dein Vater im Textilfach?"

Nun erkundigte sich Michael nach den Arbeits- und Verdienstmöglichkeiten. Der Mann, der ein mageres Gesicht und einen durchdringenden Blick hatte, entwarf dem jungen Mann ein recht düsteres Bild:

„Du lebst wohl auf dem Mond? Weißt du nicht, wie es in Frankreich aussieht?"

In Frankreich, so erklärte er, funktioniert das Flüchtlingsgesetz nur für Millionäre. Frankreich will gerne das Vaterland der Entwurzelten sein, vorausgesetzt, daß diese steinreich sind. Einem mittellosen Flüchtling ist das Los eines Untermenschen beschieden. Die Hausmeisterin, der Krämer, der Polizeikommissar – sie alle sitzen zu Gericht über sein Recht zu leben. Um die Verlängerung seiner Aufenthaltsgenehmigung zu erhalten, muß der Flüchtling zunächst einmal beweisen, daß er nicht arbeitet und genug Geld zum Leben hat. Wie soll er sich aber über Wasser halten, wenn er nicht das Recht hat, seinen Lebensunterhalt zu verdienen? Es ist verboten, Fragen zu stellen. Fragen stellt der Polizeikommissar.

Trotzdem gab der Mann mit dem durchdringenden Blick ihm die Anschrift eines Hilfsbüros für Flüchtlinge, in dem Michael sich am späten Vormittag vorstellte. Nachdem er drei Stunden in der Schlange gestanden hatte, wurde er von einem mürrischen Beamten empfangen, der ihn einem Kreuzverhör unterzog. Warum ist er nach Frankreich gekommen? Warum hat er kein Geld? Ja, warum? Wie lange gedenkt er der Pariser Bevölkerung auf der Tasche zu liegen? Mehrmals verspürte Michael Lust, den Tisch umzustoßen und die Tür hinter sich zuzuknallen. Aber er schluckte seinen Zorn hinunter, den verächtlichen Zorn der Gedemütigten.

Schließlich wurden ihm ein paar tausend Franken ausgehändigt.

„Ich werde sie Ihnen zurückzahlen", sagte er.

„Schon gut, schon gut", sagte der Beamte ungeduldig und trocken. „Das Liedchen kennen wir ..."

Als er nach Hause kam, suchte er seine Wirtin auf und zahlte ihr die Miete für sechs Monate im voraus.

„Was?" rief sie und sperrte Mund und Augen auf. „Wo haben Sie plötzlich so viel Geld her? Sie haben doch hoffentlich keine Dummheiten gemacht!"

„Beruhigen Sie sich. Die ‚kleinen Priester' haben dort oben ihre Beziehungen, wissen Sie."

Er verbrachte eine unruhige, traumverstörte Nacht. Mit

CÂMARA MUNICIPAL DE LAGOS

ENTRADA NO MUSEU

Série **C**

340$00

Recibo **№**	**2631**

stockendem Atem und rasendem Herzschlag fuhr er aus dem Schlaf auf. Lange vor Sonnenaufgang stand er auf und begann im Zimmer auf und ab zu gehen. Zum erstenmal in seinem Leben fühlte er sich gestellt, gehetzt. Sicherlich stand jemand hinter der Tür. Jemand belauerte ihn. Jemand hatte etwas gegen ihn. Wohin fliehen? So fragte er sich. Der Schlaf hörte auf, eine Zuflucht zu sein.

Am nächsten Tag schrieb er sich an der Sorbonne ein, nicht um zu studieren, sondern um den Status des Studenten zu erwerben, der ihm erlaubte, eine vorübergehende Stellung anzunehmen. Er hatte nur noch dreitausend Franken übrig, er mußte Arbeit finden, bevor diese Summe ausgegeben war. Man vermittelte ihm die Aufgabe, im Hause eines Industriellen namens Weiler hebräische Stunden zu geben.

„Sie sind für meinen Sohn gedacht", sagte der Industrielle, ein distinguiert aussehender Mann mit grauen Schläfen. „Er ist sieben Jahre alt. Er weiß nichts vom Judentum. Er kann nicht einmal die Bibel lesen. Ich biete Ihnen zweihundert Franken pro Stunde. Ist Ihnen das recht?"

„Durchaus, Monsieur."

Nach der dritten Stunde teilte Vater Weiler ihm mit, daß er fortan auf seine Dienste verzichten müsse. Mit gutem Grund. Daran gewöhnt, mit Kindern zu sprechen, als seien sie erwachsen, säte Michael nur Verwirrung im Gemüt des Knaben. Er ließ ihn den ersten Vers der Schöpfungsgeschichte vorlesen: *Breischit bara elohim et haschamaim weet haarez.* Am Anfang schuf Gott Himmel und Erde.

„Warum?" fragte Michael.

„Ich verstehe Sie nicht", klagte der Junge, völlig außer Fassung.

„Warum hat Gott Himmel und Erde geschaffen?"

„Ich weiß nicht, Monsieur."

In diesem Augenblick ging die Wohnzimmertür auf, und Vater Weiler trat ein, würdig wie ein Kammerherr. Sofort schickte er seinen Sohn in sein Zimmer hinauf und wandte sich an den törichten Lehrer:

„Aber mich interessiert die Frage. Wissen Sie darauf vielleicht die Antwort?"

„Nein, Monsieur", erwiderte Michael befangen.

Weiler reichte ihm einen Tausendfrankenschein.

„Behalten Sie ihn. Wir brauchen Ihre Dienste nicht mehr."

Stolz und verbissen weigerte sich Michael, ihn anzunehmen. Weiler drängte auch nicht, sondern gab ihm statt dessen sechshundert Franken.

„Sie sind zu stolz, junger Mann", warf er hin.

„Möglich."

„Ich meine es nicht wegen des Geldes."

„Um so besser."

Michael hatte es eilig, fortzukommen.

Zu Hause fand er einen unter die Zimmertür geschobenen Zettel vor: „Ich habe dich gesucht. Kann ich dich endlich besuchen? Ich brauche deine Hilfe. Jankel." Nein, sagte Michael zu sich. Noch nicht. Die Zeit ist noch nicht reif. Jetzt geht es mir darum, wieder auf die Beine zu kommen.

Er ging wieder zur Stellenvermittlung, die darauf bestand, daß er seine Laufbahn als Hebräisch-Lehrer fortsetzte: jetzt verschaffte man ihm Stunden in einem Kinderheim. Dort gab er nur eine einzige Stunde. Die dreißig Schüler erlaubten ihm nicht einmal, den Mund aufzutun. Sie tobten, als hätten sie gemeinsam beschlossen, ihn taub zu machen. Die Leiterin – die wohlbemerkt nicht fern war – erklärte ihm nach beendetem Unterricht:

„Das ist keine Arbeit für Sie, junger Mann. Sie sind zu bescheiden mit den Kindern. Das ist schlecht, das ist nicht pädagogisch. Die Kinder bewundern und fürchten den Stolz. Ich spreche aus Erfahrung. Aber sie werden Sie weder fürchten noch bewundern. Sie sind zu gut, zu bescheiden für diese Rasselbande."

Mit zweihundert Franken Lohn in der Tasche kehrte Michael in sein Stübchen zurück, Bitternis im Herzen, aber fest entschlossen, keinen neuen Versuch zu unternehmen. Die Heimleiterin, die aus ihrer Erfahrung sprach, hatte recht: es war keine Arbeit für ihn. Er war – so schien es – tatsächlich zu bescheiden und zu stolz.

Daher suchte er etwas anderes. Freilich ohne großen Erfolg. Auslader in den Markthallen, Austräger oder Botengänger zu sein war das ausschließliche Vorrecht für die Bürger der tapferen Republik Frankreich.

Um diese Zeit traf er auf der Straße, in der Nähe der Oper, einen alten Freund aus der Kindheit. Meir schien wohlhabend zu sein. Er war elegant gekleidet, wohnte im Grand-Hotel, hatte die Allüren eines arrivierten Filmschauspielers und sah nach Reichtum aus.

„Wie freue ich mich, dich wiederzusehen", sagte Meir. „Nach so viel Jahren."

„Auch ich freue mich, dich zu sehen. Was machst du in Paris?"

„Geschäftsreise. Ich komme oft her, weißt du. Ich habe immer einen Haufen Besuche zu machen. Alles Leute der oberen Zehntausend, in höchsten Stellungen."

„Welcher Art sind deine Geschäfte?"

„Export – Import."

Dieser englische Fachausdruck verbarg eine höchst einfache und weniger angesehene Tätigkeit. Meir trieb, wenn auch in großem Rahmen, Schmuggel.

„Schämst du dich nicht?" fragte ihn Michael einfältig.

„Ob ich mich schäme?" entgegnete Meir tief gekränkt.

„Ja, ob du dich nicht schämst – zu lügen, die Gesetze zu umgehen, illegalen Handel zu treiben, was weiß ich."

Meir warf seine Zigarette weg, die in seinem Mundwinkel hing, und trat sie mit dem Absatz aus:

„Hör zu, mein Lieber! Du bist wohl nicht ganz bei Trost. Du lebst noch in der Vergangenheit. Ich nicht. Die Ideen von dazumal, Gesetze, Prinzipien, Ideale, große Worte, das hochtrabende Geschwafel, all das ist für mich kalter Kaffee. Das interessiert mich nicht mehr. Wir leben im Dschungel: entweder du verreckst oder du paßt dich an. Ich habe keine Lust zu verrecken. Drum passe ich mich an. Der Hund, der den Menschen beißt, oder der Mensch, der den Hund beißt, das paßt gut nach Szerencsevàros. Hier und heute ist es überall der Mensch, der den Menschen beißt. Und danach richte ich mich. Ich lasse mich nicht beißen. Ich habe Waffen, und die gebrauche ich. Blick um dich! Frage die Fußgänger, was sie machen. Sie werden dir mit einer Redensart antworten, die heute im Schwange ist: „Man verteidigt sich." Schön. Ich habe mich für den Angriff entschieden: das ist die beste Verteidigung. Ich verteidige mich nicht. Ich greife an."

Michael hörte verblüfft zu. Sie hatten als Kinder zusammen gespielt. Auch er, Meir, kam damals zum Rabbi von Borsche, um bei ihm zu beten, zu singen, sich von der Gegenwart des heiligen Greises durchdringen zu lassen. Wie weit lag das zurück!

„Ich kenn' dich gar nicht wieder, Meir."

„Ich habe mich verändert, die Zeiten haben sich verändert, auch du hast dich verändert."

„Aber ... was du tust, ist doch unehrlich."

„Und das sagst du, du?" rief Meir verstimmt, sich in die Brust werfend. „Du wagst es, dich auf Prinzipien zu berufen? Wer ist denn heutzutage ehrlich? Glaubst du etwa, einer, der mit heiler Haut dem Kriegsschlamassel entkommen ist, kann ehrlich bleiben? Die ehrlichen Leute sind tot, umgekommen durch Mord oder durch Selbstmord. Die anderen – zu denen wir gehören – sind alles, was du willst, nur nicht ehrlich. Sie schließen Kompromisse. Sie machen ein Geschäft mit ihrem Gewissen, mit ihrer Vergangenheit, mit ihrem Schmerz. Sie handeln, als sei nichts geschehen, als sei der Krieg nur eine Parenthese, eine Klammer gewesen, die man beliebig öffnet und schließt. Ist das etwa ehrlich? Ist das nicht viel eher die schlimmste Heuchelei, der schlimmste Verrat? Hat man das Recht, die Toten zu verraten, jetzt, wo sie sich nicht mehr verteidigen können?"

„Irrtum!" erwiderte Michael träumerisch. „Sie verteidigen sich sehr gut. Es ist sogar so, daß sie es müde sind, sich zu verteidigen, also greifen sie an."

Meir warf ihm einen erstaunten Blick zu:

„Was erzählst du mir da?"

„Nichts, Meir. Nichts. Ich habe nichts gesagt."

Sie verbrachten den Abend zusammen, plaudernd, tauschten Kindheitserinnerungen aus und verglichen ihr Schicksal. Als er von der verzweifelten Lage seines Freundes hörte, schlug Meir freundschaftlich vor, Michael solle bei ihm arbeiten:

„Ich leite eine große Organisation, die sich über ganz Europa, Asien und Afrika erstreckt. Wenn du zu so etwas Lust hast ..."

Wenn Michael wenig Eignung zum Lehrerberuf bewiesen hatte, so besaß er noch weniger Begabung für den Schmuggelhandel, was Meir nicht lange verborgen bleiben sollte. So unternahmen sie gemeinsam eine Reise nach Belgien, von der sie Diamanten mitbringen wollten. Bei der Hinfahrt, als der Zöllner ihn fragte, ob nichts zu verzollen sei, legte Michael eine solche Todesangst an den Tag, daß Meir auf der Stelle beschloß, ihn am nächsten Tag ohne „Gepäck" heimzuschicken.

„Wovor hast du Angst, in drei Teufels Namen?" rief Meir gleich hinter der Grenze. „Du hast doch nichts Zollpflichtiges bei dir."

„Verzeih", sagte Michael heiser. „Ich hatte den Eindruck, daß der Zollbeamte meine Gedanken lesen konnte, daß er den Grund unserer Reise kannte."

Meir hob entmutigt die Achseln:

„Einfach lächerlich, was du da erzählst. Du hältst die Leute vom Zoll wohl für Hellseher, was?"

„Es tut mir entsetzlich leid ..."

„Ach was, laß mich in Ruhe! Du bist ein hoffnungsloser Fall. Mit derartigen Ideen, mit solcher Verschämtheit wirst du im Leben nie vorwärtskommen, das sag' ich dir."

Am nächsten Morgen fuhr Michael nach Paris zurück. An der Grenze, als der Zollbeamte ihn fragte, ob er etwas zu verzollen habe, schleuderte Michael ihm mit einem glücklichen Lächeln die stolze Antwort ins Gesicht:

„Nichts, Monsieur, gar nichts."

Das machte ihn in den Augen des gewitzten Zollbeamten natürlich verdächtig, worauf dieser ihn in ein leeres Abteil schob, wo er ihn von Kopf bis Fuß nach allen Regeln der Kunst durchsuchte.

Kurz darauf – genaugenommen am darauffolgenden Donnerstag, und zwar während der Woche der Hohen Feiertage – klopfte Jankel an seine Tür.

„Du hast deine Einsamkeit aufgegeben", sagte er von draußen. „Ich weiß es. Ich bin mehrmals hier gewesen, du warst aber nie da. Jetzt hast du keine Entschuldigung mehr, mich nicht zu empfangen."

Michael verhielt den Atem und gab keine Antwort. Plötzlich wurde er sich bewußt, daß sein Zimmer tatsächlich zu klein war, man erstickte geradezu darin: nur Wände und dumpfe, lähmende Stille. Ich muß einen Tapetenwechsel vornehmen, dachte Michael. Ich muß mir ein anderes Zimmer suchen. Ich muß raus aus dieser Bude. Schade, daß ich die Miete im voraus gezahlt habe.

„Ich weiß, daß du da bist", rief Jankel wieder. „Ich habe dich auf und ab gehen hören."

„Was willst du von mir, Jankel? Warum läßt du mich nicht in Ruhe? Los, pack dich!"

„Ich wollte dich sehen, sprechen, dir erzählen, was ich tue und wie ich es tue. Du weißt doch, daß ich in Paris niemanden außer dir habe."

„Hast du denn keine Schulfreunde?"

„Nein. Sie sind zu klein, zu glücklich: sie interessieren mich nicht. Sie langweilen mich. Kannst du dir vorstellen, daß ich, ausgerechnet ich, mit ihnen im Hof oder auf der Straße spiele?"

Der kleine Prinz: er hatte über ein Volk von Greisen geherrscht, er hatte ihnen sein Gesetz aufgezwungen, seine Launen, seinen Willen. Im Bewußtsein seiner Überlegenheit, seiner Allmacht, hatte er mit ihnen gesprochen. Ein Wort aus seinem Mund verkündete die Hoffnung oder den Tod der Hoffnung. Seine Macht veranschaulichte das Groteske der Lage: Tausende von Männern zitterten vor einem Kind, das sich nur amüsierte. Es ist wahr, dachte Michael. Ihn kann ich mir nicht als Spielgefährten von Schulkindern im Hof oder auf der Straße vorstellen.

„Laß mich rein, Michael. Ich bleib' nicht lange, ich versprech's dir."

„Warum willst du mich unbedingt sehen?"

„Du bist der einzige, der mich versteht. Du bist der einzige, der weiß, daß ich kein Kind bin und keines sein kann."

Michael faßte seinen Kopf mit beiden Händen und preßte ihn fest, sehr fest. Dabei tat er sich weh und verspürte eine ungewöhnliche Genugtuung. Ich verliere alle Schlachten, dachte er. Kommt es auf eine Niederlage mehr oder weniger noch an? Schon wollte er die Tür öffnen, als er im letzten Moment seinen Willen in sich aufflammen spürte:

„Ein andermal, Jankel. Bald, sehr bald. Ich werde dich anhören, aber nicht jetzt. Du kannst es nicht verstehen. Es ist schwierig. Ich bitte dich, hab Vertrauen zu mir."

Seine Stimme hatte den Tonfall eines Menschen, der sich in Todesgefahr weiß.

In den folgenden Monaten verschlimmerte sich Michaels finanzielle Lage. Nachdem das vom Flüchtlingsamt erhaltene Geld aufgezehrt war, lernte er den Hunger kennen. Es kam vor, daß er weniger als eine warme Mahlzeit in der Woche aß. Tagelang irrte er mit leerem Magen umher. Dann ging er tief beschämt in die kleine Synagoge zurück und lieh sich bei dem Mann, der seinen Vater gekannt hatte, ein paar hundert Franken aus, um Brot zu kaufen und sich einen Milchkaffee leisten zu können.

Es war im Herbst. Michael mied seine gespenstische Behausung, und so entdeckte er die Schönheit von Paris, das unter einem kupferfarbenen Himmel in einem altgelben Licht badete. Nur der Horizont schimmerte blau. Paris ist im Herbst schöner, nüchterner als im Frühling. Die Stadt sieht dann aus, als lasse sie sich beklommen dem Winter zutragen und setze ihm einen passiven, weiblichen Widerstand entgegen. Und dieser Widerstand verleiht ihr jene strenge, reife Schönheit.

In jenem Jahr durchlebte Paris eine Art philosophisch-politische Gewissenskrise. Der Krieg, das in Europa angerichtete Blutbad, Hiroshima, wüteten in der Erinnerung der Menschen. Die Jugend, die sich in eine von der Generation ihrer Eltern geschaffene Welt, in eine von vornherein gegebene Situation versetzt sah, suchte zu verstehen und das Unbegreifliche zu begreifen. Man sprach vom Existentialismus, man stritt über den Kommunismus, man schlug sich mit dem Ausdruck Realismus herum. Die Parole des Tages lautete: Engagement. Man durfte nichts mehr bloß hinnehmen, auch nicht sich selbst. Der Mensch ist das, was er verwirft – hieß es –, und das, was er wählt, was er tut. Die Meister des Denkens lieferten alle möglichen und unmöglichen Definitionen für den Menschen und stellten ihn fast überall hin – links, rechts, darüber, darunter. Man sprach von Würde, von Freiheit, vom Handeln. Man muß handeln – hieß es –, man muß kämpfen, schreien, man muß nein sagen. Die Verzweiflung – hieß es – versperrt alle Ausgänge, die Hölle ist der Nachbar, der nachts schnarcht, das Absurde hat den von Gott verlassenen Thron bestiegen, deshalb muß man etwas tun! Eine Gebärde, eine Tat, eine Revolution – ob auf allgemeiner, ob auf privater Ebene, spielt keine Rolle! Gott ist tot, und nur der falsche Messias, der falsche Prophet weiß es. Keiner schreit lauter, keiner dringt mit seiner Stimme besser durch als ein falscher Prophet, der das Kommen des falschen Messias verkündet. Daher war Paris in jenem Jahr ein Resonanzboden geworden, auf dem die Geräusche und Klänge all jener Menschen zusammenklangen, die Angst vor der Stille hatten – die sie mit der Leere verwechselten –, die Angst vor der Angst hatten – die sie für Feigheit hielten – und die nur sprachen, um sich zu beruhigen.

Michael verfolgte diese Revolution des philosophischen Denkens nur von weitem und mit halbem Ohr. Er hatte Hunger, und der Milchkaffee im Café Flore war teuer.

Er ging viel spazieren. In wenigen Wochen hatte er im Stadtbezirk von Paris die Erde umkreist. Er entdeckte Gassen, in die die Sonne nur ein kurzes Weilchen schielt und gleich wieder flieht, Orte, an denen das Gemurmel der Seine klarer zu hören ist als anderswo, verlorene Parks, welche nur Greise aufsuchen, um dort mit Hilfe von vergilbten Fotografien ihrer Jugend nachzuträumen. Beim Gehen fiel ihm das Denken leichter, seine Gedanken prägten sich klarer, lebendiger. Später schloß er Freundschaft mit Pedro, und zwar aus dem einfachen Grund, weil dieser sich auf das Gehen verstand – was wenige verstehen. Michael kam daher zu dem Schluß, daß die Beine ebenso nützlich, ja unerläßlich für die Erkenntnis sind als Augen und Hände. Man lernt die Erde nur kennen, wenn man über sie wandert. Die primitive Geste des Siegers, der den Fuß auf den Nacken des Feindes setzt, bedeutet schlicht und einfach, daß er ihn erkennt, daß er ihn besitzt, daß er Herr seines

Schicksals ist. Wenn alle Völker im Lauf der Geschichte sich darauf versteift haben, den Fuß auf den Nacken der Juden zu setzen, so vielleicht deshalb, weil sie das seltsame Volk kennenlernen wollten, das mehr als jedes andere das Geheimnis des Überlebens, den Schlüssel zum Geheimnis der Zeit, die Formel des Überdauerns besaß. Michael hatte Hunger, aber er fuhr fort, zu gehen und sich kennenzulernen: es schien ihm, daß er auf sich selbst dahinging. Manchmal sank er erschöpft auf eine Bank oder brach auf den Kaimauern der Seine zusammen. Aber seine Müdigkeit war nicht von Bitternis gefärbt.

Eines Tages begegnete er seinem Doppelgänger. Langsamen, ruhigen Schritts ging Michael am Kai dahin – es war der Schritt eines Menschen, der kein bestimmtes Ziel hat –, als ein Unbekannter auf ihn zutrat und ihn anhielt:

„Warten Sie, Monsieur", sagte er leise. „Ich habe Hunger."

Dabei streckte er ihm eine offene, zur Schale geformte Hand entgegen, die ein Almosen erwartet.

Versteinert starrte Michael ihn an. Etwas Hartes, Verzweifeltes lag in den Zügen des unrasierten Gesichts, etwas Rastloses, Unruhiges in seinem Blick. Michael, der keinen Sou in der Tasche hatte, verspürte mit einemmal eine solche Sympathie, ein so volles Verständnis für den Menschen, daß er lächelte.

„Auch ich habe Hunger", erwiderte er, „auch ich."

So standen sie, von den Vorüberhastenden gestoßen und gepufft, eine Sekunde lang einander gegenüber und maßen sich mit ihren Blicken. Dann verzog der Mann grämlich den Mund und sagte:

„Ein Scheißleben."

Und schon machte er kehrt und verschwand. Hat er mir geglaubt? fragte sich Michael. Hat er mich verstanden?

Jahre später war Michael in Spanien. Als Journalist hatte er wenig Geld in der Tasche. Er besuchte Barcelona. Abends flanierte er mit Vorliebe auf den *Ramblas,* wo selbst die an den Mauern klebenden Schatten ein bebendes Herz und eine durstige Seele haben. Er verlor sich auch gerne in den düsteren Gassen, in denen man diejenigen vermutet, die zu schwach zum Schlafen sind.

Es war gegen zwei Uhr morgens. Er bog gerade aus einer

dunklen Nebenstraße in den Boulevard ein, als ein kleiner Junge, fast noch ein Kind, in Lumpen, wie von ungefähr auftauchend, ihm die leere Hand entgegenstreckte:

„Señor, tengo hambre", sagte er.

Einige Sekunden lang vermochte Michael, vom Schock der Erinnerung gelähmt, nicht die geringste Bewegung zu machen. Vermutlich war auch sein Gesichtsausdruck sonderbar, denn der Junge bekam es plötzlich mit der Angst und entfloh. Erst in diesem Augenblick erwachte Michael aus seiner Benommenheit und rief, dem Kind nachrennend:

„Komm! Niño, ven! Ich geb' dir Geld! Alle Pesetas, die ich habe! Hab keine Angst, niño! Ich tu' dir nichts! Komm zurück, niño, komm her!"

Aber sein Schreien in der Nacht vermehrte nur den Argwohn des Knaben und lockte außerdem Neugierige herbei, die sich in der Nähe befanden. Nach einer Jagd, die gute zehn Minuten dauerte, verlor Michael ihn aus den Augen und gab die Verfolgung auf. Umgeben von Passanten, die nichts von dem begriffen, was sich vor ihren Augen abgespielt hatte, ließ er sich auf den Gehsteig sinken und lehnte den Rücken an eine Hauswand. Es war ihm, als habe er sein Heil, seine Seele verloren, er war dem Weinen nahe.

Jene wenigen Monate der Entbehrung waren Michael willkommen. Mit leerem Magen sah er Dinge und Menschen in einer bisweilen überlichteten Klarheit.

Jetzt wagte er sich in die Welt der Bettler, der Clochards, die den Satten verschlossen ist, und gewann dort einige Freunde. Er nahm Brot von ihnen an und hörte ihre zusammenhanglosen Beichten. Sie wiederum nahmen seine Schweigsamkeit hin, er ihre Anfälle von Begeisterung, ihr fratzenhaftes Glück. In der Rue Mouffetard fühlte er sich wie zu Hause. Dort wurde er einem der sieben „Alten" vorgestellt, die – man weiß weder wie noch seit wann – jene enttäuschte Brüderschaft regieren, die ihren Mitgliedern die Möglichkeit bietet, Gesicht und Namen abzulegen. Michael begriff, daß es ebenso schwer ist, sich auf die eine oder andere Weise vom Menschen wie vom Sein zu entfernen.

Wovon träumt der Clochard, wenn die Nacht ihren Alkoholfrieden über ihn breitet? Was sieht er im Morgennebel, wenn das einzige Weltgeräusch der Wind ist, der mit dem Himmel spielt, wie um ihn herauszufordern, ihn zu peitschen, ihn zu bestrafen und in die Seine zu werfen?

„Vom Durst", sagte ein zerlumpter Freund zu ihm, der in seinem Geifer schwamm. „Ich träume, daß ich Durst habe, daß die Welt Durst hat."

Eines Abends erzählte er ihm ein Gleichnis: Ein Mann wandert durch die Wüste. Er hat Durst, unerträglichen Durst. Kein Wasser weit und breit. Er wandert mit der Sonne und hofft, eine Oase zu erreichen. Er marschiert und schleppt das Tier unter seiner Haut mit, das ihn bei lebendigem Leibe auffrißt. Endlich, am Ende seiner Kräfte, beginnt er eine Fata Morgana zu sehen. Er bildet sich ein, klares, frisches Wasser zu trinken. Mit einemmal scheint ihm alles in Wasser zu schwimmen. Der Himmel, der weiße Sand, sein eigener Körper sind Flüssigkeit geworden. Nun ist der Mann glücklich. Er hat keinen Durst mehr. Mittlerweile erreicht er die Oase, den Palmenhain, die Quelle. Er sinkt auf die Knie und berührt wie der erste Mensch mit der Zungenspitze die regungslose Oberfläche. Aber schon springt er auf, er ist wütend, enttäuscht.

Der Clochard trank einen Schluck Wein und setzte hinzu:

„Ich habe an der Quelle getrunken. Aber mir ist der Durst lieber."

Michael dachte: wer weiß? Vielleicht sind die Bettler die wahren Weisen Europas, die Yogis des Westens. Sie suchen weder die Erde noch ihr Gewissen zu retten – sie pfeifen darauf. Sie haben nicht nur auf ihren Körper, sondern auch auf ihre Würde, ihre erbärmliche Würde, verzichtet. Sie brauchen nur vom Heil, von der Wahrheit, von der Leidenschaft, von der Wirklichkeit zu sprechen, und schon lachen sie schallend heraus.

Rosch-ha-schana. Neujahr. Das ihm vertraute Klopfen an der Tür. Auch er ist nicht in die Synagoge gegangen, denkt Michael. Warum hätte er auch hingehen sollen? Er hat zeit seines Lebens nie den Fuß in ein Heiligtum gesetzt. Aber ich? Ich muß mich mit aller Gewalt beherrschen, um nicht hinzulaufen. Meine Beine wünschen nichts mehr als niederzuknien, meine Lippen nichts mehr, als die Gebete zu sprechen, meine Augen nichts mehr, als zu weinen. Aber ich gehe nicht! Wenn Gott Gott ist, verdient er mehr als meine Schwäche.

„Ich bin's, Jankel. Mach auf, ich bitte dich."

Michael erbebte. Ein Gedanke kam ihm: welcher Tag eignet sich besser für eine Auseinandersetzung als Rosch-ha-schana? Es wird weh tun. Und wenn? Am Neujahrstag muß es einem weh tun. Langsam, schwerfällig stand er vom Tisch auf. Er dachte: das soll meine Art und Weise sein, niederzuknien und um Verzeihung zu bitten. An der Tür zögerte er einen kurzen Augenblick, wie um dem Pochen seines Herzens zu lauschen, dann drehte er kurz entschlossen den Schlüssel herum.

Der kleine Prinz stand vor ihm. Es war ihre erste Begegnung seit der Lagerzeit. In seinem gestreiften grauen Anzug und der dunkelblauen Krawatte sah Jankel jünger, hagerer aus. Ein Tic ließ seine Lider zusammenzucken. Seine Augen schienen seit langem erloschen.

„Komm rein."

Jankel wartete eine Sekunde, dann trat er hastig ein und setzte sich auf den einzigen vorhandenen Stuhl, während Michael sich aufs Bett sinken ließ. Befangen wahrten sie eine Zeitlang Schweigen. Die Beklommenheit wuchs. Michael fühlte sich gereizt, seine Nerven waren zum Zerreißen gespannt. Er ist der einzige auf der Welt, der weiß, dachte er. Er war da, ganz nah. Er hat mich gesehen. Er hat mich gesehen, so wie ich bin, wenn die Rinde abgeschält ist. Ich lebe in seinem Kopf. In seinem Kopf kann ich nichts mehr ändern.

Der kleine Prinz zog ein Paket Zigaretten aus der Tasche und gab ihm eine. Michael dankte. Heiser richtete er eine Frage an ihn, da man ja etwas sagen und das Schweigen brechen mußte.

„Du rauchst jetzt? In deinem Alter?"

„In meinem Alter? Ich bin alt, weißt du."

Er zündete sich eine Zigarette an und fuhr fort:

„Habe ich mich verändert?"

Michael musterte ihn lange von Kopf bis Fuß. Ich liebe und hasse ihn, dachte er. Warum diese Liebe, warum dieser Haß?

„Ja, du hast dich verändert. Du bist rastloser und gequälter."

„Du nicht. Du bist derselbe geblieben. Man möchte meinen, du wärst noch dort."

Michael errötete. Er hätte ihn fragen wollen: Erinnerst du dich noch an Karl? Das war doch der Rohling mit dem Stiernacken. Du erinnerst dich doch an ihn, oder nicht? Er mochte dich gerne leiden. Selbst er mochte dich leiden. Wenn er auch ein Mörder, ein Kranker war.

Aber er sagte nichts. Jankel würde geantwortet haben: „Ja, ich erinnere mich. Karl war ein Vieh. Auch ich war ein Vieh." Vielleicht hätte er hinzufügen sollen: „Aber du nicht. Du warst kein Vieh." Michael wollte das nicht hören. Michael wollte nicht, daß er sich erinnerte. Eine Erinnerung zieht eine zweite nach sich, und die Kluft wird dadurch nur tiefer.

„Erzähl mir ein wenig von dir. Was machst du in der Schule? Lernst du gerne? Und deine Kameraden?"

Jankel verzog den Mund zu einem schmerzlichen Lächeln und begann von seinem Leben in Paris zu erzählen. Trotz großer Anstrengung vermochte Michael nicht dem Faden des Berichts zu folgen.

Als sich die Geschichte mit Karl abspielte, lebte Michaels Vater noch. Karl hatte einen alten Mann wegen einer belanglosen Nachlässigkeit zu fünfundzwanzig Peitschenhieben verurteilt. Daher kamen die Freunde des Unglücklichen zum kleinen Prinzen gelaufen, damit dieser seine Begnadigung erwirke. „Er ist zu schwach", flehten sie. „Er wird es nicht durchstehen. Er wird noch vor dem zehnten Hieb akratzen." An jenem Tag war Jankel jedoch nicht dazu aufgelegt, den Rettungsengel zu spielen. Man eilte zu Michael: „Du bist doch sein Freund. Auf dich wird er hören." Michael erlitt jedoch Schiffbruch wie die anderen. „Ich kann nichts daran ändern", rief der kleine Prinz zornig. „Der Alte hätte sich ja anständig aufführen können!" Michael ließ nicht locker, aber sein Freund war nicht zu erweichen. „Du wirst langsam ein Vieh", schrie Michael zornentflammt. „Bald bist du genau wie Karl! Du wirst nicht mehr imstande sein, Güte oder Mitleid zu fühlen!" Verwundert blickte Jankel ihn an: „Und du?" warf er herausfordernd hin. „Hältst du dich für gut und gerecht?" – „Ja", sagte Michael. Jankel überlegte einen Augenblick und begann tückisch zu lächeln: „Ich habe dir einen Vorschlag zu machen. Du bist stärker, widerstandsfähiger als der Alte, du wirst die fünfundzwanzig Schläge besser aushalten als er. Du wirst davon nicht abkratzen. Willst du sie statt seiner einstecken?" Er will mich auf den Arm nehmen, dachte Michael. Er will mich nur auf die Probe stellen. Er wird nicht aufs Ganze gehen. „Einverstanden", antwortete er. Jankel ging schnurstracks zu Karl, der die Idee amüsant fand. Die Züchtigung sollte am nächsten Tag nach der Suppe vor der Baracke stattfinden. Michael war bis zum letzten Augenblick davon überzeugt, daß die Sache nicht abrollen würde. Der kleine Prinz ist nicht bösartig, dachte er. Er wird nicht zulassen, daß Karl mich prügelt. Er kniete bereits, zusammengekrümmt, die Brust auf dem Schemel, dachte noch immer: das ist reiner Bluff!, und schon sauste der erste Hieb des Ochsenziemers auf seinen Rücken herab. Der zweite kommt bestimmt nicht, dachte er. Er kam. Dann der dritte. Und der vierte. Und der fünfte. Fünf Schläge. Jankel beobachtete das Schauspiel. Michael gelang es, die Zähne fest aufeinanderzubeißen. Nun erwartete er die folgenden Schläge mit verhältnismäßiger Ruhe. Nur die ersten tun weh, dachte er. Sieben oder fünfundzwanzig, das bleibt sich ziemlich gleich. Es kam aber kein sechster. Jankel gab Karl ein Zeichen aufzuhören. Karl sagte „gut" und ging mit gelangweilt mürrischer Miene in seine Baracke. Jankel stürzte herbei, um seinem Freund aufstehen zu helfen. „Tut's weh?" fragte er. „Überhaupt nicht", antwortete Michael. „Verabscheust du mich?" – „Nein", erwiderte Michael mit einer Grimasse. „Ich weiß, daß es nur Spaß war."

Habe ich ihn in diesem Augenblick gehaßt? fragte sich Michael. Nein. Ich weiß es noch genau. Ich habe ihm geradewegs in die Augen geblickt und zu lächeln versucht. Er krümmte sich unter seiner Reue, unter seiner Scham. Er bot mir Brot mit zwei Portionen Margarine an. Ich nahm sie an und sagte: „Geh zu, Jankel. Mach dir nichts draus. Du bist nach wie vor mein kleiner Bruder." Zorn grollte in mir, aber kein Haß. Erst später ...

„Deshalb wollte ich unbedingt kommen", fuhr Jankel fort.

„Bei dir fühle ich mich unter alten Männern, ich fühle mich in die Vergangenheit versetzt. Während ich mit den Schulkindern ..."

Michael dachte: Ja, es ist deshalb. Ich bin der einzige, auf den du noch Macht ausübst. Die anderen fürchten dich nicht mehr. Aber mich machst du noch zittern. Jeder von uns hat ein Gespenst, das ihn durch sein ganzes Leben begleitet. Du bist mein Gespenst. Dir zuliebe mach' ich mich ganz klein.

„Du hast mir nicht geantwortet!" sagte Jankel.

„Was sagst du?"

„Ich habe eine Frage an dich gestellt."

„Eine Frage? Welche?"

„Du hast nicht zugehört!"

„Doch, Jankel. Ich habe die Ohren gespitzt. Ich habe nicht alles verstanden, aber ich habe genau zugehört."

„Warum antwortest du dann nicht? Ich habe dich gefragt, warum du mich nicht sehen wolltest."

„Ich habe es dir bereits mehrmals gesagt!" erwiderte Michael gereizt. „Ich brauchte Einsamkeit, Sammlung. Ich hatte eine Aufgabe zu bewältigen, einen Punkt zu buchen, eine Schlacht zu gewinnen. Man erreicht nichts, wenn man nicht allein ist."

„Ist das der einzige Grund?"

Michael senkte unwillkürlich den Blick. Jankel spielte mit seiner Zigarette und musterte sie von einem Ende zum andern. Nun gebe ich klein bei, sagte sich Michael. Er ist noch immer der kleine Prinz. Ich bin der einzige Mensch auf der Welt, für den er der kleine Prinz bleibt.

„Ich habe dich gefragt, ob es der einzige Grund ist, warum du mich nicht zu dir kommen lassen wolltest?"

„Gewiß", erwiderte Michael. „Genau deshalb. Woraus schließt du das, daß es andere Gründe geben könne?"

„Ich weiß nicht."

Und nach einer Weile: „Ich glaube, du haßt mich."

Michael hob jäh den Kopf und begegnete dem geängstigten Blick des Jungen: beide erröteten zu gleicher Zeit. Auch er sinkt ab, dachte Michael. Sie weigern sich, ihn loszulassen, ihn dem Leben zurückzugeben.

„Ich soll dich hassen?" rief Michael ohne Überzeugung.

„Wie kannst du so zu mir reden? Nach all dem, was wir zusammen durchgemacht haben ..."

Er brach ab. Er dachte: Ich war daran, Dummheiten zu sagen. Kleiner Prinz, du hieltest die Augen offen.

„Wie kannst du so reden? Nach allem, was du für meinen Vater getan hast? Glaubst du, ich hätte es vergessen?"

Jankel ließ die Frage unbeantwortet. Tief beunruhigt, unendlich ernst, zog er den Rauch ein, hielt ihn lange in der Lunge und stieß ihn in dichten Schwaden aus. Könnte ich doch in seinen Gedanken lesen! dachte Michael, könnte ich genau erfahren, was er weiß, was er will, was er vorhat! Los, Jankel! Ich hab' dir den Ast hingehalten! Sprich! Ich habe meinen Vater hereingelassen: nimm ihn und spiele ihn gegen mich aus! Worauf wartest du?

„Erinnerst du dich an Karl?" fragte der Knabe sanft.

Also das ist es, dachte Michael. Er glaubt, ich verachte ihn wegen Karl, und ich denke, er verachtet mich wegen meinem Vater. Er nimmt Karl als Gegengewicht, wie um zu sagen: „Siehst du? Jeder hat sein Päckchen zu tragen." Diesmal war Michael an der Reihe, die Frage unbeantwortet zu lassen.

„Sag, Jankel, erinnerst du dich noch an die Nacht, in der es mit meinem Vater zu Ende ging?"

Überraschung zeichnete sich auf dem zerknitterten Gesicht des Jungen. Eine Sekunde lang erstarrten seine Bewegungen, während er die Situation abwog, um sie auf ihren Gehalt zu prüfen, und sagte:

„Ja. An die letzte Nacht deines Vaters. Baracke Nummer 57. Dritte Bettreihe links vom Eingang. Du saßest auf dem Rand seiner verdreckten Matratze und wandtest keinen Blick von ihm. Du tatest nichts anderes: du sahst zu, wie er hinüberging. Seine Lippen murmelten Unverständliches, und du versuchtest, die Worte zu fassen, sie mit deinen Augen zu entziffern."

„Was tatest du während dieser Zeit?"

„Ich habe geweint", sagte Jankel lächelnd.

Es stimmt, dachte Michael, du hast geweint. Bei einem kurzen Seitenblick habe ich dich stumm weinen sehen. In diesem Augenblick habe ich dich wie einen Bruder zu lieben begonnen. Aber ich habe nicht geweint. Das ist die Wahrheit. Ich habe meinem Vater beim Sterben zugesehen und habe nicht geweint. Du hast es gesehen. Und das kann ich dir nicht verzeihen.

„Sag, Jankel, was tat ich, während mein Vater seine Seele aufgab?"

„Ich hab's dir doch soeben gesagt. Nichts. Du hast nichts getan. Du hast zugesehen."

„Ich habe nicht geweint."

„Nein, du hast nicht geweint."

„Hast du dich gefragt, warum ich nicht geweint habe, während mein Vater seine Seele aufgab?"

„Nein."

„Du lügst! Ich weiß, daß du lügst!"

„Ich spreche die Wahrheit. Ich schwöre es dir. Ich sagte mir: wahrscheinlich weinst du innerlich. Wie du es getan hast, als Karl dich schlug. Wenn uns etwas sehr weh tut, ziehen wir vor, die Tränen für uns zu behalten."

Von dem Schlag wie geblendet, verfinsterte sich plötzlich Michaels Blick. Schwarze Formen tauchten von allen Seiten auf, aus den Mauern, aus dem Bett, aus seinem Kopf. Der Abgrund existiert, dachte er. Er ist in uns, der Abgrund. Warum zittern meine Lider? Warum verkrampfen sich meine Hände? Er stand auf, schwankte zum Fenster und stützte sich aufs Brett. Drunten ging ein junges Mädchen vorüber: wohin gehst du? Sie trug ein Paket an einer Schnurschleife: was ist darin? Mitten auf dem Platz setzte sich ein Mann auf eine Bank, nachdem er sie mit seinem Taschentuch reingewischt hatte: auf wen wartest du? Ein Radfahrer mit einem Telegramm in der Hand stellte sein Rad an den gegenüberliegenden Gehsteig: welche Botschaft bringst du?

Jetzt oder nie, dachte Michael. Es ist der günstigste Augenblick: er kommt nie wieder. Ich könnte ihm einfach, als Rechtfertigung, erklären, daß der Tränenstrom bisweilen versiegt: auch weinen ist eine Gabe des Himmels. Ich könnte ihn vielleicht davon überzeugen, ich sollte es auf jeden Fall versuchen. Es kommt nur darauf an, daß er mich sprechen läßt und mir keinen Widerstand entgegenstellt. Dann wird es mir gelingen, das Bild, das sich in seinem Gedächtnis festgesetzt hat, zu verändern. Die Frage ist nur: wie soll ich beginnen?

Michael stand lange am Fenster. Als er sich endlich umdrehte, war Jankel nicht mehr im Zimmer.

Er sah ihn erst wieder, als ein Polizist ihm die Botschaft überbrachte, er möge schleunigst ins Krankenhaus kommen.

Anfang Dezember ging Michael zur Fremdenpolizei, um seine Aufenthaltsgenehmigung verlängern zu lassen. Das Wartezimmer summte von Gerede und Geraune wie eine Fabrik, in der die Hoffnung für die einen und die Enttäuschung für die anderen hergestellt wurde. Auf Bänken wie in einer Kirche wartend, plauderten die Fremden und tauschten mit leiser Stimme Ratschläge in allen Sprachen der Welt aus. Am anderen Ende des Raums saß in einem Glasgehäuse der schnurrbärtige Beamte, voller Überheblichkeit und Geringschätzung, und prüfte die Unterlagen, bevor er sie an die entsprechenden Stellen weitergab. Sein Gebaren bewies, daß man ohne Schwierigkeit die ganze Woche hindurch zu Beginn der Amtsstunden schlechter Laune sein kann. Da er hier gleich nach dem Präsidenten der Republik Herr des Hauses war, versäumte er keine Gelegenheit, den Herren Flüchtlingen ihren Stand als Untermenschen zum Bewußtsein zu bringen. In diesem riesigen Raum fand die uralte Frage „Was ist der Mensch?" endlich ihre Antwort: „Wer seine Papiere in Ordnung hat!"

Nach Stunden und Stunden des Wartens wurde Michael mit Namen und Nummer aufgerufen. Der Beamte des fünften Büros läutete trocken, widerwillig. Diese Leute gingen ihm auf die Nerven. Sie waren alle gleich. Konnten sie nicht zu Hause bleiben und sich ruhig verhalten? Ging er denn hin und machte ihnen in Ungarn, Bulgarien oder sonstwo das Leben sauer? Lange, eingehend studierte er seine Mappe, durchblätterte Gutachten aller Art, Fotos, Berichte, würdigte jedoch den vor ihm sitzenden jungen Mann keines Blickes. Der junge Mensch befand sich ja nicht vor ihm, sondern in dem Aktenhefter.

Nach beendeter Durchsicht eröffnete der Beamte das übliche Verhör. Alter, Anschrift, Beschäftigung. Mittel für den Lebensunterhalt, Auswanderungspläne, Lage der Familie? Warum sind Sie hier, warum, wie? Was soll aus Frankreich werden, wenn alle Einwohner Zentraleuropas sich hier einnisten wollen, das möchte ich von Ihnen wissen?

Michael antwortete ruhig, höflich, ohne sich zu erregen, wodurch es ihm gelang, seine Empörung zu verbergen. Schließlich wurde ihm die kostbare Aufenthaltsgenehmigung, gültig für weitere sechs Monate, wie ein Almosen hingeworfen. Michael bedankte sich. Der Beamte schien ihn nicht verstanden zu haben.

Michael hatte es eilig, das Gebäude zu verlassen. Im Gang begegnete er einer blonden jungen Frau. Beide blieben zur gleichen Zeit stehen, beider Atem stockte. Das Blut schoß ihnen in die Wangen. Dann fielen sie einander wortlos in die Arme. Milika traten die Tränen in die Augen.

„Du hier?! Du hier!"

Sie konnte nur die beiden Worte hervorbringen.

„Du hier?! Du hier!"

„Laß uns von hier weggehen!"

Milika, die auch ihren Schein verlängern lassen wollte, dachte nicht mehr an den Anlaß ihres Kommens. Ihre Aufenthaltsgenehmigung war noch nicht abgelaufen, ihr blieb noch eine Frist von wenigen Tagen.

Gemeinsam, schweigsam an das zerstörte Paradies Szerencsevàros zurückdenkend, in dem alles so einfach gewesen zu sein schien, schlenderten sie am Seineufer entlang. Es war kalt, aber sie merkten es nicht. Sie schienen ernst und gesammelt von einer Beerdigung zurückzukehren und beklommen dem Augenblick entgegenzusehen, wo sie allein sein würden, wo sie sich ansehen, miteinander sprechen, einander wiederentdecken und schließlich fragen mußten: „Schön. Und nun?"

„Ich bin müde", sagte Milika.

„Ich weiß. Es ist schwer, so viele Tote auf den Schultern zu tragen."

Milika war schöner, reifer, weiblicher geworden. Sie trug einen eleganten Pelzmantel. Trotzdem zitterte sie am ganzen Körper. Sie biß die Zähne aufeinander, wie um den Strom der Tränen, der Bilder, der Worte zurückzuhalten. Er bat sie, ihm

Vàradys Ende, das er noch nicht kannte, ausführlich zu erzählen.

„Gerne", antwortete sie, seinen Arm noch stärker drückend. „Aber setzen wir uns irgendwo hin. Ich falle um vor Müdigkeit. Der Sprung rückwärts war zu plötzlich. Trinken wir eine Tasse Kaffee."

„Ich habe kein Geld."

Schuldbewußt senkte sie den Kopf:

„Aber ich."

Sie betraten ein Café, setzten sich, bestellten, und Milika erzählte ihm das Ende der Geschichte, die drei Generationen Juden von Szerencsevàros in ihren Bann gezogen hatte. Der Selbstmord des Greises, sein letztes Lächeln, seinen letzten Willen. Sie, Milika, hatte ihn im Garten an der Mauer begraben.

Milika war nach dem Kriege nach Ungarn zurückgekehrt, dort einige Wochen geblieben und dann der Einladung eines alten Freundes Vàradys, seines einstigen Schülers und des jetzigen Chefredakteurs einer großen französischen Halbmonatszeitschrift, nach Paris gefolgt.

Eine Frage brannte Michael auf den Lippen. Hatte Vàrady an jenem Nachmittag unter dem Apfelbaum das zarte Zwischenspiel in Szene gesetzt? Aber er behielt sie für sich.

Er war verwundert über den Platz, den Milika in seinem Herzen einnahm. Er hatte nicht erwartet, daß dieses unvorhergesehene Wiedersehen so tröstlich für ihn sein würde. Die Leere seines Inneren war mit einemmal verschwunden. Die Mauern schienen weniger hoch, weniger unüberwindlich geworden zu sein. Eine Frau steht vor dir, und schon ist die Welt nicht mehr dieselbe. Von einer Sekunde auf die andere wird alles Gegenwart. Alles wird einfach, wahr, möglich. Ich bin, du bist. Das genügt. Es bedeutet, daß der Mensch nicht allein ist, daß die zersprengten Kräfte sich wieder irgendwo sammeln.

Kalman hatte eines Tages zu ihm gesagt: „Wenn das gesamte Ich eines Menschen geflohen und zerstäubt ist, was bleibt dann übrig als eine Liebe, die nichts begrenzt, eine völlig reine Liebe, die das Ich überwunden hat." Freilich muß man oft an das Ende des eigenen Ich glauben und es anschließend wiederkehren sehen: man hatte an eine Luftspiegelung geglaubt, an die Fata Morgana eines jungen Menschen, eines Dichters, eines Gläubigen, selbst eines Intellektuellen. Trotzdem muß sich in der Stille, richtiger gesagt, in der stummen Zwiesprache der Seele, eine echte Befreiung vollziehen. Wenigstens ein Ansatz zur Befreiung des eigenen Ich, das genug an sich gelitten hat, um sich in Liebe verwandeln zu können.

„Tut dir etwas weh?" fragte Milika. „Du bist so still, als ob dir etwas weh täte."

Mit zugeschnürter Kehle antwortete er:

„Ja, Milika. Es tut mir etwas weh. Ich denke an Szerencsevàros, und schon tut mir alles weh."

Dann, sehr leise: „Szerencsevàros – Glücksstadt."

Und noch leiser, unmittelbar und nicht mehr träumerisch:

„Ich glaube, daß ich dich geliebt habe. Es war eine kindliche Liebe, ich weiß. Immerhin war es Liebe."

Einen Augenblick betrachtete sie ihn regungslos, ihre Augen wurden größer, blauer, sie liefen über von Blau, von Träumen, von Vergangenheit. Sie wird gleich weinen, dachte Michael. Wenn sie weint, stehe ich auf und gehe weg. Und schon begann sie zu lächeln.

„Worüber lächelst du?"

„Über dich. Über den kleinen Jungen, der noch in dir ist."

„Er ist nicht mehr in mir. Er ist tot. Ich verleugne ihn. Aus den Augen, aus dem Sinn. Er ist ein Fremder. Ein fremder Leichnam. Ich habe nichts mit ihm gemein."

„Schade. Ich habe diesen kleinen Jungen, dem es der verbotene Garten angetan hatte, sehr liebgehabt. Für mich stellte er die Zukunft dar, wie Vàrady für mich die Vergangenheit verkörperte. In meinen Augen wart ihr beide zusammen ein einziges Wesen. Ich hielt es für unsterblich. Und so wird es bleiben, so lange ich lebe."

Michael blickte in die Ferne und sagte:

„Verfolgt er dich, der kleine Junge? Mich ja. Ich weiß, daß er tot ist, aber ich weiß auch, daß er sich weigert, mich zu verlassen. Er hat sich an meine Fersen geheftet. Wenn ich laufe, läuft er hinter mir her. Und du?"

„Ich, ich habe gelernt, rasch zu laufen. Rascher als die Toten. Der kleine Junge ist nicht tot. Ich habe keine Lust, ihn unterwegs zu verlieren."

Sie tranken ihren Kaffee und bestellten einen zweiten. Plötzlich zuckte Milika zusammen. Es war spät geworden. Die Straßenlampen flammten auf.

„Genug von der Vergangenheit!" rief sie aus.

Aber schon stellte sie ihm Fragen, denen er geschickt auswich. Er weigerte sich, ihr seine Anschrift zu geben, da er befürchtete, sie würde ihn eines Tages in seiner Behausung überfallen. Er schrieb sich dagegen die ihre auf und versprach, sie in Bälde anzurufen. Als sie sich voneinander verabschiedeten, war es Nacht. Er wußte, daß er sie nie wiedersehen würde.

Er rief sie auch nicht an. Er hatte es nie beabsichtigt. Das Kind ist tot, die Liebe ist eine tote Liebe, Szerencsevàros ist eine Totenstadt. Man liebt nicht auf dem Friedhof. Die Liebe ist für die gemacht, die vergessen, für die, die zu vergessen suchen.

Er nahm daher wieder sein altes Leben, seine Spaziergänge, seine Jagd nach Träumen, auf. Arbeit hatte er immer noch nicht gefunden. Brot und gelegentlich ein Stückchen Margarine zu finden, war ein unlösbares Problem geworden.

Eines Abends schenkte ihm der Mann mit den durchdringenden Augen in der Synagoge eine Büchse Sardinen. Da er kein Brot hatte, legte er sie beiseite. Zwei Tage später, als er immer noch kein Brot aufgetrieben hatte, beschloß er, die Büchse zu öffnen. Kaum hatte er drei Sardinen verzehrt, als er einen heftigen Krampf im Magen spürte. Mit Mühe schleppte er sich zum Bett und verlor das Bewußtsein.

Erst am nächsten Tag kam er wieder zu sich, als seine Vermieterin erschien, um sein Zimmer zu machen. Sie stieß einen Schrei des Entsetzens aus. Das Bett war mit Erbrochenem bedeckt, Michael leichenblaß, seine Lippen waren aschfahl, die Stirne feucht.

„Was hast du hier angestellt, Priester?" schrie sie haßerfüllt. „Hast du dich betrunken? Du säufst also seit neuestem?"

Michael konnte nur mit zitternden Lippen und verschleiertem Blick Unverständliches stammeln. Er war vom Fieber geschüttelt. Schwäche lähmte seinen Körper, er fühlte sich leer, ausgehöhlt, seine Magenwände schienen platzen zu wollen.

Der Zorn seiner Wirtin stieg um einige Tonlagen. Sie schlug die Hände über dem Kopf zusammen, sie stieß bittere Klagen über die Undankbarkeit ihrer Untermieter aus, rief Gott und den Teufel als Zeugen an, lief hinaus, kam wieder, rannte von neuem weg, stolperte wieder herein, diesmal mit einer Tasse heißen Tees, dann mit einem Glas Cognac. Dabei war sie unablässig in Bewegung und redete, als brenne ihr der Boden unter den Füßen.

Versehentlich warf Michael einen Blick auf den Tisch. Die Büchse Ölsardinen stand noch immer da. Wieder erbrach er sich und fürchtete fast, seine Eingeweide von sich geben zu müssen.

Das ganze Zimmer tanzte vor Michael. Von neuem verwandelte sich seine Wirtin in Martha, die Trinkerin von Szerencsevàros, die Hexe, die ihren Rock hebt, ihren nackten, geschwollenen Bauch zeigt und die ihr nachstellenden Straßenkinder in die Flucht schlägt.

Er dachte wieder an Szerencsevàros, an seine Kindheit, seine Ängste, seine qualvollen Träume. Ich sterbe, dachte er. Ich sterbe in der Fremde, und eine Betrunkene wird mit geschürztem Rock meine Leiche umtanzen. Ich werde wie ein Hund verrecken, und eine alte wütende Vettel wird mit meinem erkalteten Leib schlafen.

Plötzlich fiel ihm Milika ein. Ihre schlanke Taille, ihr zartes Profil, die Wärme, die ihrem Lächeln entströmte. Er verstand nur ein Wort, ein einziges Wort. Milika. Mi–li–ka. Der Name durchdrang das dunkle Zimmer, dehnte sich riesenhaft aus, schrieb sich an die Zimmerdecke, an die Wände, auf die drohenden Hände der Wirtin. Es war, als habe das junge Mädchen ihm seinen Namen als Botin gesandt, um ihm zu sagen: „Laß dich nicht unterkriegen, halte durch, ich bin da, ich existiere."

„Milika", murmelte Michael, bewußtlos klagend.

„Was sagst du?" fragte die Wirtin beunruhigt.

„Milika", wiederholte er hauchend.

„Wer ist es? Eine kleine Freundin von dir? Eine Verwandte? Sprich, Herr des Himmels! Wo wohnt sie? Wie ist ihre Telefonnummer? Ich werde sie rufen! Sie soll kommen und dich pflegen. Du kannst nicht so liegen bleiben, ganz allein. Sonst gehst du vor die Hunde!"

Michael biß auf die Zähne. Die Brust schmerzte ihm, die Kehle, sein Magen drehte sich um. Er schwamm in einem Flammenmeer. Milika, Milika. Er verspürte Lust, diesen Namen zu rufen, ihn hinauszuschreien, ein Gebet, eine Einladung daraus zu machen. Er mußte alle ihm zu Gebote stehende Kraft zusammennehmen, um das Schweigen zu bewahren; mit eisernem Willen gelang es ihm, die Lippen nicht zu öffnen.

Die Hauswirtin beobachtete den Kampf, den er führte, und rief verwundert aus:

„Wie schön du jetzt bist! Ich habe dich nie so schön gesehen!"

„He! Was ist los mit dir? Hat dich schon der Wahnsinn gepackt? Warum? Warum weinst du?"

Die Stimme brachte ihn ins Gefängnis zurück. Er öffnete die Augen: das Tageslicht sickerte durch die Mauern hindurch. Nichts hatte sich verändert, aber er fühlte, daß es Tag wurde. Die Luft war weniger schwer.

„Du enttäuschst mich! Ich hatte geglaubt, du würdest länger standhalten." Das mußte der zweite Offizier sein. Michael erinnerte sich, nur einmal in den Waschraum gegangen zu sein. Der Offizier war eingetreten, als er schon mit dem Gesicht gegen die Wand stand.

„Mach dein dreckiges Maul auf und spuck aus, was du uns zu sagen hast", fuhr der Offizier verärgert, einsilbig fort. „Wir haben Zeit, du nicht, Freundchen. Du nicht. Du bist drauf und dran, regelrecht durchzudrehen. Du bist schon fast so weit. Du stöhnst so laut, als bezögest du Prügel. Bald wirst du sprechen, brüllen. Du wirst reden wie ein Buch, ohne aufzuhören. Du wirst dich ordentlich ausschleimen."

Michael hörte nicht zu. Er prüfte sein Inneres: war er noch Herr über seinen Körper? Er hielt den Atem an, atmete aus; er schloß die rechte Hand, öffnete sie; er streckte die Zunge heraus, zog sie wieder ein; er hob die Schultern, ließ sie wieder sinken. Er versuchte die Beine zu bewegen: nur sie verweigerten den Dienst. Wenn schon, dachte Michael. Pedro war ein Paar Beine wert.

Nun wandte er seine Aufmerksamkeit seinen geistigen Fähigkeiten zu: bist du noch kein Knecht? Drei und sechs ist wieviel? Wer war Câkya Muni? Wer Thales von Milet? Wer Xanthippe?

Nach glanzvoll bestandener Prüfung entspannte Michael sein Denken und schlenderte gemächlich durch Szerencsevàros. Es ist Morgen. Zartes, bläuliches Licht umhüllt die Berge. Die Stadt gleicht einer flachen Hand, auf die die Sonne ihren Goldstaub streut. Auf dem Stadtplatz öffnete der Bäcker als erster seinen Laden. Die Bäume strecken ihre Äste aus, um die wachsende Wärme einzufangen. Da und dort gleiten Vorhänge zurück. Die Kirchenglocken schlagen sechsmal, oder siebenmal, oder achtmal. Der Tag nimmt die Stadt im Sturm und besetzt sie in Abständen.

Michael wandert ohne Hast, er macht vor diesem Laden oder jenem Haus halt. Hier hat er seine erste Armbanduhr gekauft: er war soeben dreizehn Jahre geworden. Dort, daneben, wohnt Itzu, ein Freund aus der Kindheit. An der Ecke, die an den Kleinen Markt grenzt, lag Kalmans Haus, auf halbem Wege zwischen dem Gefängnis und dem Irrenhaus. Michael verspürt das Bedürfnis, an die Tür zu klopfen; er hält inne, er hat Angst. Und wenn Kalman ihm öffnet?

Allmählich, widerwillig, beleben sich die Straßen. Die Gemüsehändler bedienen ihre ersten frühen Kunden, die einen ausgezehrter als die anderen. Die Kinder tippeln zu zweit, zu dritt in die Schule, ohne ein Wort zu wechseln, sie sind noch schläfrig. Die schwarzgekleideten alten Witwen lenken den unruhigen Schritt zur Kirche: sind sie vielleicht zu spät, vielleicht zu früh daran? Wird Gott pünktlich zum Stelldichein da sein? Die Menschen sind einsilbig, die Frauen feindselig, zänkisch, sie wären lieber zu Hause in der Wärme geblieben. Michael sucht unter den Fußgängern ein vertrautes Gesicht, findet aber keines. Übrigens sind sich alle ähnlich, man könnte meinen, es handle sich um eine einzige Person, die sich vor tausend Zerrspiegeln bewegt. Michael denkt: das ist meine

Stadt, hier bin ich geboren, hier bin ich in die Zeit eingelassen, hier in den Strom der Dinge eingesetzt worden. Hier ist meine Quelle, hier ruhen meine Wurzeln, und trotzdem verleugnen mich, den unerwünschten Fremden, meine eigenen Schritte, meine eigenen Erinnerungen.

Die Leute kommen und gehen, sie bleiben nicht vor ihm stehen. Sie sehen ihn nicht. Vielleicht tun sie nur so. Für sie ist er schon tot. Für sie hat er nie existiert. Ich bin mit dem gleichen beklommenen Herzen, mit den gleichen Büchern unter dem Arm den gewundenen Schulweg gegangen. Nichts verbindet mich mehr. Ich lebe in einer anderen Zeit.

Mit einemmal hört er in der Ferne Lachen, das näher zu kommen scheint, er biegt am Irrenhaus mit seinem dumpfen Schweigen ab und geht an den altersgrauen Friedhofsmauern entlang, läßt die Akazienstraße hinter sich und sieht am Ende des Zigeunerwegs Martha vor ihrer verfaulten Holzhütte, die ihn herbeiwinkt; angstvoll, vorsichtig schleicht er näher.

„Ich habe dich erwartet", sagt sie.

Schweigsam blickt Michael sie mit weit aufgerissenen Augen an: endlich jemand, der ihn erwartet.

„Deine Freunde sind tot", sagt Martha. „Umgekommen, verschwunden. Deine Feinde blicken zur Seite. Nur ich habe mich nicht verändert. Szerencsevàros bin ich. Du hast mich gesucht: hier bin ich. Nimm mich!"

Damit hebt sie ihren Rock und zeigt ihm ihren nackten Bauch, mit dem sie unzüchtig wackelt.

„Nein!" schreit Michael. „Du widerst mich an!"

„Na und? Nur ein Grund mehr! Nimm mich, und ich werde dich die sinnlose Liebe lehren, die verrückte Liebe, die ewige Liebe. Nimm mich, um dich zu rächen, um aufzubegehren. Dem Gelächter mußt du Gelächter entgegensetzen! Zeig dem Schicksal, daß es dir keine Angst macht, daß du dich in ihm auskennst, daß du imstande bist, es auszupfeifen, ihm ins Gesicht zu lachen. Fort mit deinen Illusionen, wirf sie weg, der Wind soll sie forttragen und ausstreuen, schüttle das ganze tote Gewicht ab, ein Gewicht, das der Tod dir aufgehalst hat. Nimm mich, und du wirst bis zum Ende gehen, du wirst die andere Seite der Mauer erreichen."

Alles ist Schweigen. Der Fluß fließt nicht mehr ins Meer, die Bäume regen sich nicht, der Himmel entfernt sich zusehends. Michael betrachtet Martha und sieht sie, wie sie ist: häßlich, abstoßend, zerfressen. Ihre Haare sind hart wie verbranntes Stroh. Alle Gesichtsknochen stehen deutlich, bedrohlich hervor. Ihr Bauch ist weiß, ihre Haut runzlig, ihre Schenkel schlaff. Unwiderstehlicher Pesthauch dringt in seine Nasenflügel, fast muß er sich übergeben.

„Los!" mahnt die Trunkene fröhlich. „Kotz dich aus, aber komm zu mir. Sei ein Gott und handle entsprechend: sei der Verbündete der Häßlichkeit, der Unmenschlichkeit. Stoß in mich hinein, gib mir deinen Ekel und deine Liebe. Das ist die einzige Art der Liebe, die die Welt verdient."

Gebrochenes auf den Lippen, geht er zögernd, keuchend, kurzatmig auf sie zu. „Los!" sagt sie ekstatisch. „Hab keine Angst! Mach dir nichts draus! Gib mir alles, was du hast, alles, was du angesammelt hast! Hab keine Angst!"

Michael denkt: sie ist verrückt. Wenn sie als einzige existiert, besteht kein Grund zum Zurückweichen. Es gibt keinen Grund, ihr nicht in den Wahnsinn zu folgen.

„Noch ein Weilchen, und du bist am Ende", sagte der Offizier eintönig, schläfrig. „Dann bist du nur noch ein Fetzen, völlig zerrissen ... Innerlich, meine ich. Du wirst darum betteln, daß man dich anhört. Du wirst plärren wie ein besoffenes Weib, das sein Beschäler hat sitzen lassen. Du wirst so viel loswerden wollen, daß du nicht weißt, wo du anfangen sollst. Du wirst verrückt sein vom vielen Schweigen. Das willst du gerade? Na schön. Mir soll's recht sein. Ich habe das gerne. Ich sehe gerne den Augenblick, in dem der Bursche sein Leben in Worten ausspuckt wie etwas Bitteres, Widerwärtiges. Aber tu mir einen Gefallen, warte, bis ich wieder im Dienst bin. Halt noch vierundzwanzig Stunden durch. Welch fabelhaftes Schauspiel! Der Wahnsinn fängt bei den Beinen an und durchdringt allmählich deinen Körper: nach und nach nimmt er Besitz von dir: von deinen Schenkeln, deinen Hüften, deinem Bauch, deiner Brust, deinem Hals, deinem Mund, deinen Augen. Und dann bricht er aus, der Wahnsinn: eine Kristallvase, die an einem Stein zerschellt. Ich habe es gern, wenn etwas splittert, wenn etwas seine Form wechselt. Auch dein Körper wird seine Einheit verlieren. Er wird nur noch ein zusammengewürfelter Haufen sein. Deine Beine, deine Arme, deine Zunge werden keine Verbindung mehr miteinander haben: jedes Glied wird sich beliebig bewegen. Sie werden dich los sein."

Ich darf nicht zuhören, sagte Michael immer wieder zu sich. Dabei wurde ihm allerdings klar, daß es immer schwieriger wird, sich gegen die Geräusche der Außenwelt zu wappnen.

Als Michael außer Atem im Krankenhaus ankam, wurde Jankel gerade operiert. Der Gang war in kaltes rohes Licht getaucht. Krankenschwestern liefen geschäftig auf und ab, ohne ihn eines Blickes zu würdigen, als sei seine Gegenwart das Natürlichste von der Welt. Von Zeit zu Zeit fragte er eine von ihnen, die vorbeieilte: „Ist es ernst?" Nichts ist in den Augen der Krankenschwestern ernst: „Alles wird gut sein, Monsieur." Das lernen sie in der Schule. Nur von den Ärzten erwartet man, daß sie erklären: „Die Operation ist mißlungen, sie ist gelungen." Die anderen versichern lächelnd dem Besucher: „Alles wird gut ausgehen, Monsieur." Das Unwahrscheinliche aber ist, daß man ihnen aufs Wort glaubt.

Draußen genoß Paris einen Frühlingsmorgen: die Stadt schäumte über vor Jugend, vor Frische, vor Kraft.

Wie ein wildes Tier in seinem Käfig ging Michael im Gang auf und ab. Der Polizist hatte zu ihm gesagt: „Kommen Sie rasch. Es ist ein Unfall." – „Ein Unfall?" – „Ja, Monsieur. Beeilen Sie sich. Ein Lastwagen hat ihn überfahren", fügte der Mann hinzu. Ihn? Wen? Michael wußte es. Unnötig, Fragen zu stellen. „In seiner Tasche", fuhr der Polizist fort, „hat man einen Zettel mit einem einzigen Namen, mit einer einzigen Anschrift gefunden. Kommen Sie rasch. Es war ein Unfall", wiederholte der Polizist freundlich, mitfühlend. „Ein ganz lächerlicher Unfall. Alle Unfälle sind lächerlich. Die Unvorsichtigkeit der Fahrer, der Fußgänger, was wollen Sie? Das kommt vor. Das kann jedermann passieren, nicht wahr?"

Die Operation dauerte mehrere Stunden. Als der Chirurg herauskam, war Mittag bereits vorbei. Michael sprang auf und trat ihm in den Weg.

„Wer sind Sie?" fragte der Arzt. „Sein Bruder?"

Michael schüttelte den Kopf.

„Ein Verwandter?"

„Nein, ein Freund."

„Es sieht schlecht aus. Sehr schlecht."

Der Arzt wich seinem Blick aus. Michael erblaßte. Er öffnete den Mund, um Luft zu schnappen, sein Atem ging kurz. So stand er einige Sekunden. Eine Krankenschwester schaute von weitem zu und wagte nicht näher zu kommen.

„Das Gehirn ist in Mitleidenschaft gezogen", begann der Arzt von neuem. „Der Junge ist verloren. Er wird sterben."

Warum scheint sich in ähnlichen Fällen die Erde immer zu öffnen? Warum rast man der Leere entgegen? Michael führte die Hand zur Stirn. Eine Eisenfaust hämmerte ihm auf die Brust. Er sank in einen Abgrund, der immer tiefer, immer schwärzer wurde.

„Es ist besser so", sagte der Arzt noch. „Wenn sein Körper standhält, werden körperliche oder geistige Lähmungen zurückbleiben, vielleicht beides. In diesem Fall ist der Tod eine Erlösung."

Er verstummte einen Augenblick, dann fügte er befangen hinzu:

„Wir haben unser Bestes getan. Glauben Sie mir."

Er machte auf dem Absatz kehrt und entfernte sich mit langsamen, gleichmäßigen Schritten. Michael folgte ihm mit dem Blick, bis er hinter der Ecke des Ganges verschwunden war. Gleich darauf teilte ihm eine Krankenschwester mit, daß Jankel in Zimmer 212 liege.

Mit gesenkten Lidern stieg Michael in den zweiten Stock hinunter. Er fühlte, wie seine Beine nachzugeben drohten. In welcher Verfassung würde er den kleinen Prinzen antreffen? Wo würde er das Zeichen des Todes tragen?

Noch betäubt von der Anästhesie, schlief Jankel. Sein Atem war nicht zu hören. Sein Kopf tauchte unkenntlich unter einem Gebirge von Verbänden auf. Eine schreckliche Stille lastete auf dem Zimmer, eine Stille, die aus dem Körper des Jungen zu dringen schien. Der kleine Prinz, dachte Michael. Hier ist er. Bezwungen, der demütigendsten Niederlage erlegen. Wundenbedeckt zieht er von dannen. Im Blut, im Brand des Bösen watend, wird er oben ankommen.

Plötzlich flammte in Michael ein unermeßlicher Zorn, ein wütender, zerstörerischer Zorn auf. Seine Augen sprühten Blitze. Der Tod – dieser Tod – des kleinen Prinzen war zu ungerecht, zu widersinnig. Wie Jakob hätte er mit dem Engel ringen wollen, er hätte ihn mit einem Faustschlag niederwerfen, ihn mit den Füßen treten und ihm ins Gesicht spucken mögen. Es hätte nur ein Schlag, ein einziger zu sein brauchen, der aber der Faust gewachsen war, die ihn zu würgen drohte. Wie ein Mensch, den der Wahnsinn unüberwindlich macht, ließ er seinen Blick durchs Zimmer gleiten, auf der Suche nach etwas, was er zerstören konnte. Das Bett, den Stuhl, das Nachttischchen: all das war nichts wert, es waren alles zu kleine, zu unbedeutende Gegenstände. Die vier fürchterlich weißen Wände: er wäre imstande gewesen, sie mit seinen Fäusten einzurennen. Auch das war eine zu leichte Aufgabe. Mit fliegenden Schläfen drehte er sich immer rascher nach allen Richtungen. Plötzlich blieb er mit gespannten Nerven stehen. Einer gebieterischen Stimme gehorchend, kniete er nieder und näherte sein Gesicht dem des Knaben. „Kleiner Prinz", murmelte er, „kleiner Prinz, du gehst fort und nimmst mein Bild mit, das Bild eines Menschen, der in der Todesstunde seines Vaters nicht geweint hat. Ich habe dich gehaßt, ich habe dich geliebt. Ich habe dich gehaßt, weil ich mich gehaßt habe; aus dem gleichen Grund habe ich dich geliebt. Verstehst du?" Michael streckte die Hände aus, um ihn zu streicheln. Behutsam hob er die Decke und sah Jankels zarten schlanken Hals. „Kannst du mich verstehen, kleiner Prinz? Ich spreche auch zu meinem Bild, das in deinem Gehirn eingesperrt ist. Es ist leicht, Tränen zu vergießen, schwerer, viel schwerer ist es, weiterzuleben, ohne sie vergossen zu haben." Michael sah den Hals des Knaben und erbebte. Ohne daran zu denken, nahm er ihn in seine beiden Hände, zunächst mit unendlicher Zärtlichkeit. Dann befiel ihn ein Zittern vom Kopf bis zu den Füßen, ein Zittern, das aus uralten Tiefen aufzusteigen schien. Er begriff nicht, wie ihm geschah, er erlag jedoch der schwindelerregenden Kraft, die seinem eigenen Körper entdrang. Sie befreite sich, überflutete die Dämme. Unwillkürlich begann er, den Hals immer stärker, mit brüllender Wut, zu pressen. Jankels Gesicht verfärbte sich blau. Michaels Zähne klapperten wie die eines Besessenen, er ließ aber nicht locker, entschlossen, seine eigene Verzweiflung zu erdrosseln.

Glücklicherweise ging die Tür auf. Michael, aus einem bösen Traum erwachend, ließ los und führte die Hände vor seine aus dem Kopf getretenen, unbefriedigten Augen. Er hätte sie am liebsten mit den Zähnen zerfleischt.

„Er schläft", sagte der Arzt. „Lassen Sie ihn schlafen. Er wird im Schlaf verlöschen. So ist es besser, so leidet er nicht."

Michael erhob sich, um dem Arzt gegenüberzutreten, aber es fiel ihm schwer. Seine Finger hingen wie Blei herunter und verkrallten sich ins Leere. Er versuchte, sie hinter seinem Rükken zu verbergen, aber sie versagten den Dienst. Beschämt blickte Michael den Arzt an und wiegte den Kopf von links nach rechts, wie etwas Unnützes. Wie groß der Arzt war, wie gut gewachsen, gesund, schrecklich gesund. Er füllte das ganze Zimmer.

„Sie brauchen sich nicht zu schämen", sagte der Arzt. „Weinen Sie lieber, das erleichtert."

„Ich lege keinen Wert darauf, mich zu erleichtern."

Gemeinsam musterten sie das bereits vom Todesengel berührte kleine Gesicht. Der Arzt seufzte:

„Trotzdem muß man ausdrücken, was man empfindet. Sonst platzt der Mensch. Die Frage ist nur: wie soll man es ausdrücken?"

„Ich weiß, wie", sagte Michael.

Sie sprachen miteinander, wandten dabei aber nicht den Blick von Jankel, denn sie sprachen ja mit ihm.

„Sie wissen es?"

„Ja, ich weiß es."

Ohne einen Gesichtsmuskel zu verziehen, ließ Michael ein so mächtiges, männliches Gelächter erschallen, daß jedem Zuhörer das Blut in den Adern erstarrt wäre. Der Arzt blickte ihn verwundert an. Er zog den Kopf in die Schultern, und schon rannen ihm die Tränen über die Wangen.

„Ich ziehe meine Methode vor", sagte er.

Mit seiner rechten Hand machte er eine freundschaftliche Geste gegen Michael, er hätte ihm die Hand schütteln, den Arm um seine Schultern legen wollen. Aber das Lachen schob sich wie eine Maske der Einsamkeit zwischen sie und verurteilte sie gesondert. Der Arzt machte eine müde Handbewegung, wischte seine Tränen ab und ging hinaus.

Michael kniete von neuem neben dem Bett nieder. Später öffnete Jankel die Augen. Michael hielt den Atem an: würde er wieder zum Leben erwachen?

„Sieh mich an, Jankel! Ich bin's, dein Freund! Ich bin da, kleiner Prinz. Schau mich an, gerade an! Streng dich an, laß den Blick nicht sinken!"

Der Knabe blickte ihn abwesend, regungslos an, ohne auch nur mit der Wimper zu zucken. Michael hatte plötzlich das Gefühl, als ob jemand hinter ihm stehe. Jäh drehte er sich um: niemand. Und doch fühlte er eine Gegenwart im Zimmer, einen Geruch, einen von fernher gekommenen Blick. Erst in diesem Augenblick begriff er, daß der Tod etwas anderes, mehr ist als nur die Abwesenheit des Lebens. Daß das Leben aus einem Körper, aus einem Bewußtsein weicht, heißt noch nicht, daß der Tod zwangsläufig nachfolgt. Der Tod kann ein Menschenwesen betreten, obgleich das Leben es noch keineswegs verlassen hat.

Jankels Todeskampf dauerte sieben Tage und sieben Nächte. Michael wich nicht mehr von seiner Seite. Er wollte unbedingt die Krallen des Todes sehen, die Flügelschläge und das Gelächter des Todes hören. Augenblicke lang verspürte er heftige Angst und schrie: „Laß das Kind los! Miß dich mit mir! Sei nicht so heimtückisch; wenn du dich schlagen willst, hier bin ich, aber laß den Jungen in Ruhe!" Seine Schreie riefen kein Echo auf den Plan. Dann ging er zum Fenster, machte es weit auf, wie um den Wind in sein Leben und die Nacht in sein Sein einzulassen. Er beugte sich über die Brüstung, und sein Blick glitt über die verlassene Straße. Er atmete tief ein, um sich davon zu überzeugen, daß er noch lebte, und begann wieder, mit der Leidenschaft der überwundenen Verzweiflung zu lachen.

Mehrmals am Tag kam der Arzt ins Zimmer, prüfte die geweiteten Pupillen des Jungen und murmelte: „Vielleicht heute abend." Michael wiederholte mit hohlen Wangen: „Ja, vielleicht heute abend." Zu sich selbst aber sagte er: der kleine Prinz läßt nicht locker, er will nicht gehen.

Jede Stunde kam eine Krankenschwester herein und riß ihn aus seiner Benommenheit: „Es ist Zeit zur Einspritzung." Michael hätte sie fragen wollen: „Wozu tun Sie das, wenn wir seinen Tod so ungeduldig erwarten?" Aber er sagte nichts. Er sah ihr zu und folgte aufmerksam ihren behenden Fingern, die die Spritze vorbereiteten und sie sodann in die rosige, weiße Haut stießen. Er wandte den Kopf nicht ab. Bisher hatte er nicht zusehen können, wenn der Junge Spritzen bekam, er hatte stets gezittert und die Augen geschlossen. Das war anders geworden. Im Gegenteil, jetzt wollte er alles sehen, entschlossen, sich nichts an dem langsamen Tode seines Freundes entgehen zu lassen.

Michael erinnerte sich an die Talmudlegenden, in denen von Weisen die Rede ist, die Kinder auf der Straße anhalten, um die Wahrheit auf ihren Lippen zu lesen. Er dachte: wenn Jankel jetzt sprechen könnte, würde er mir bei der Entschleierung der Geheimnisse helfen. Er würde mir sagen, ob das Leben nur ein jähes Aufzucken des Nichts ist. Aber Jankel äußerte sich nicht. Er sagte trotz offener Lippen, offener Augen keinen Ton: kein Wort, keine Botschaft löste sich von ihnen.

Michael kannte sich nicht mehr aus. Er verstand nicht mehr, warum die Krankenschwestern ein und aus gingen. Von Zeit zu Zeit glaubte er den Arzt halb zu sehen, der immer leiser sprach und immer dieselben Worte wiederholte: „Hoffen wir, daß es heute nacht passiert."

„Ich war dem Wahnsinn nahe", sagte ich.
Pedro hörte mit leicht geneigtem Kopf aufmerksam zu. Er rauchte seine Pfeife, Augenblicke lang kam mir sein Gesicht wie ein Fresko auf einer Leinwand aus weißem Rauch vor.
„Ich sprach mit Jankel, der mich nicht verstehen konnte", fuhr ich fort. „Ich wandte mich an seine Augen, an den Tod, den er

beherbergte. Ich verzehrte mich dabei. Ich weigerte mich, zu essen, zu schlafen, mich wegzuschleichen. Ich versuchte mein Dasein zu rechtfertigen und auch das Rechtfertigungsbedürfnis zu begreifen, das mich wie ein schwerer beklemmender Traum erdrückte. Ich sah nämlich in dem Tod des kleinen Prinzen ein absolutes Maß. Es wurde für mich zu einem Prisma, durch das ich die Taten und die Menschen richtete. Alles kreiste um ihn. Es schien, als lebte ich nur dafür, diesem Todeskampf einer Zukunft beizuwohnen, die im Grunde auch die meine war. Dadurch errichtete ich ein aus Halluzinationen gewebtes Gebäude. Vergangenheit, Zukunft: es gelang mir, beide zu vertauschen. Die Gesichter aller Menschen verwuchsen zu einem einzigen Antlitz: das meines sterbenden Freundes. Ihre Schicksale hatten die Ausmaße des seinen. Ein Kind, das stirbt, wird zum Mittelpunkt der Welt: die Sterne und Gefilde sterben mit ihm."

Pedro blickte mir gerade in die Augen, wie um in ihnen Wahrheit zu schöpfen. Ich hoffte, daß er nicht weinen würde. Ich möchte, daß mein Freund stark, stolz und furchterregend ist.

„Ich war am Rande des Wahnsinns", sagte ich wieder. „Er erwartete mich am Ende des Weges, den ich durchlaufen hatte. Ich konnte mich an ihm reiben wie an einem Mantel, der warmhält. Ich konnte ihn mit dem Finger berühren. Ja noch mehr: ich betrachtete mich in ihm. Ich sah mich, wie ich war und so, wie ich hätte sein wollen. Ich war zugleich ich und ein anderer. Endlich war ich dahingelangt, mich von mir selbst zu befreien."

Pedro rührte sich nicht, ich mußte jedoch abbrechen, um Luft zu holen. Indem ich die Begegnung mit dem Wahnsinn wieder erlebte, erzitterte ich bis auf den Grund meines Wesens. Wieder erklomm ich einen hohen Berg und, oben angekommen, mußte ich meine gesamte Willenskraft aufbieten, um nicht der Versuchung zu unterliegen, hinabzuspringen. Der Mensch, der den Tod wählt, gehorcht einer Regung der Selbstbefreiung; der Mensch, der den Wahnsinn wählt, desgleichen. Als letzte Möglichkeit erwartet er uns mit offenen Armen. Wie die Quelle drunten im Tal winkt er uns zu: „Los, keine Angst! Spring! Schüttle die Angst ab, für immer!" Sich daher im Gleichgewicht

zu halten, wird somit zum schwierigsten Unterfangen, zum widersinnigsten Unterfangen der Existenz.
„Nach sieben Tagen und sieben Nächten", fuhr ich fort, „hörte er auf zu leiden. Die Zeit gerann in seinen aufgerissenen Augen. Die Schatten drängten sich verängstigt aneinander, um schließlich zu einem Block zu verschmelzen. Die Schläge meines Herzens hallten wie Hammerschläge wider. Selbst die Ohren taten mir weh. Die Erde hatte ihr Gleichgewicht verloren, und die Sonne hörte auf, sie zu betören. In diesem Augenblick war ich am stärksten versucht zu springen, ein anderer zu werden. Ich hätte nur ja zu sagen, nur kopfnickend zuzustimmen, ich hätte mich nur auf der Erde zu wälzen brauchen, die Zunge herauszustrecken, zu singen, wie ein verwundeter Hund zu bellen: das Heil war in Reichweite, die Lossagung, die Erlösung. Ich habe mich jedoch widersetzt, ich habe nein gesagt."
„Du gehst noch weiter als die Nazarener", warf Pedro spöttisch ein. „Und zwar so weit, daß dein Nein nein und daß dein Ja auch nein sei. Du willst ihn überbieten, übertrumpfen. Deine Vermieterin hat dich richtig eingeschätzt: du hast die Seele eines Priesters. Christus hat nie nein zu den Menschen gesagt, du sagst sogar nein zu Gott. Du bist eifersüchtig auf Gott."
„Möglich, Pedro, möglich. Aber in diesem Sonderfall hätte ich das Reich des Wahnsinns einfach durch ein Ja erreicht: mit einem Schlag wären alle Qualen, alle Probleme, alle Ängste überwunden gewesen. Seit dem Anbeginn der Geschichte stellen die Verrückten die göttliche Gegenwart dar: ihr Blick ist von der Quelle aufgesaugt. Aber ich wollte diese allzu bequeme, allzu leichte Zuflucht nicht. Den Wahnsinn zu wählen ist eine mutige Tat, die sich nicht vervielfachen läßt. Er hat sein Ziel in sich. Eine freie Tat, die die Freiheit zerstört. Die Freiheit ist ausschließlich dem Menschen gegeben. Gott ist nicht frei."
Lachend schlug Pedro in die Hände: „Du gefällst mir, Freund! Du versuchst selbst Gott in den Wahnsinn zu treiben. Darum gefällst du mir." Ich dachte: auch Gott versucht mich in den Wahnsinn zu treiben.

Der Arzt legte die Hand auf seine Schulter:

„Es ist zu Ende", sagte er schlicht.

Michael stand schwankend auf. Sein Blick weigerte sich, von dem aschfahlen regungslosen Körper zu lassen, der noch vor einer Stunde sein eigenes Überleben gewährleistet hatte. Er dachte: das ist Jankel. Und schon wurde die Frage in ihm laut: ist er es noch immer? Dieser Leib ohne Leben, ohne Zukunft, ohne Werden? Morgen wird er in der Erde vermodern, und sie wird ihm seine letzte Erkennbarkeit rauben. Der kleine Prinz, nur eine Handvoll Staub?

Michael ließ sich fortziehen. An der Tür drehte er sich zu einem letzten Blick auf das Totenbett um. Ein letztes Mal, bevor er ihn allein ließ, bevor er ihn aufgab.

Seite an Seite gingen sie durch den Gang, der länger und leerer schien als gewöhnlich. Michael wußte nicht, wohin der Arzt ihn führte. Er suchte es auch nicht zu erfahren. Er wußte nicht einmal, ob es Nacht oder Tag war.

„Haben Sie gelacht?" fragte der Arzt leise.

„Nein, Herr Doktor, ich habe nicht gelacht."

„Haben Sie geweint?"

„Nein, Herr Doktor, ich habe nicht geweint."

Nach einem Augenblick fügte er hinzu:

„Er hat geweint, Herr Doktor. Es ist das zweite Mal, daß ich ihn habe weinen sehen."

Das Bild bemächtigte sich seines Geistes, während seine Beine mechanisch dem Arzt folgten: wenige Minuten, bevor er erlosch, hatte der kleine Prinz still geweint. Durchsichtige Tränen waren in Überfülle über seine Wangen geströmt. Seine offenen Augen waren zwei unversiegbare Quellen gewesen. Als er schon nicht mehr am Leben war, waren die Tränen noch immer über sein regloses Gesicht geflossen. Sie hatten ihn überlebt.

Der Arzt führte ihn in sein Arbeitszimmer und deutete auf einen Ledersessel, auf einen Diwan, auf Zigaretten.

„Ich bleibe gern bei Ihnen, wenn Sie wollen", schlug er scheu vor. „Ich könnte Sie anhören."

Er zögerte und berichtigte sich errötend:

„Ich möchte Sie gerne anhören."

Das Zimmer war in Abendschatten getaucht. War es Tag oder Nacht? Beides. Michael ließ sich in den Sessel sinken und schloß die Augen. Ohne ein Wort zu sagen, ging der Arzt zur Tür hinaus und schloß sie sanft hinter sich. Michael hörte ihn von weitem und dachte: so verlassen die kleinen Prinzen die Welt, zartfühlend, ohne Lärm zu machen. Er nahm seinen Kopf in beide Hände und betete: „O Gott! Mach, daß ich stille sei! Mach, daß ich sei! Mach!"

„Was ist der Tod eines Kindes?" fragte Pedro.
„Eine Ungerechtigkeit", antwortete ich.
„Nein, das hieße ein ethisches Problem daraus machen. Er ist mehr. Er ist ein Fragezeichen. Was warst du vorher? Ein Mensch mit der Fähigkeit, zu sein. Nachher bist du ein Mensch, der – leider – ist." Er zog an seiner Pfeife, stieß eine weiße Rauchwolke aus und fügte hinzu:
„So ist das Leben. Wenn man ist, muß man sagen: leider!"
Seine tiefe, schwermütige Stimme war so voller Gegenwart, daß nichts anderes existierte. Pedro war kein Körper mehr, sondern nur noch Stimme. Sein ganzes Sein lebte in ihr. Ich sagte mir: wenn sie verstummt, hört er auf zu leben. Wenn sie verstummt, höre ich auf zu leben.
Pedro fuhr fort: „Gott will, daß der Mensch, wenn er etwas zu sagen hat, es vollkommen sagt, indem er mit einer Frau einen neuen Menschen zeugt. Dann fällt es Gott ein, daß auch Er etwas zu sagen hat: Er vertraut die Botschaft dem Todesengel an. Deine Schöpfung ist dadurch noch nicht verloren. Etwas bleibt übrig. Ein Fragezeichen, und das ist schon viel. Plötzlich wirst du dir des Zwiespalts deines Lebens bewußt, du siehst die Einsamkeit, den Schmerz, die Zerrissenheit. Die Zwiesprache oder der Zweikampf, wenn du willst, zwischen dem Menschen und seinem Gott, endet nicht im Nichts. Der Mensch hat vielleicht nicht das letzte Wort, aber den letzten Schrei. Dieser Augenblick bestimmt die Geburt der Kunst."
„Und der Freundschaft?" sagte ich.
„Die Freundschaft ist eine Kunst."
Ich verstummte. Pedro sog den Rauch ein und neigte den Kopf, wie um seinem Herzen zu lauschen:

„Ich weiß nicht, ob es sehr dunkel ist oder ob die Nacht in mir ist, während ich mit dir spreche. Aber wie ein Traum, der wirklichste, der einzig wirkliche Traum, spricht meine Stimme zu dir: das heißt, für mich, Pedro, gibt es nur zwei Möglichkeiten: entweder leide ich dein Leiden mit dir, oder ich leide ohne dich, das heißt, in einer gemeinsamen Abwesenheit. Auf jeden Fall leide ich es."
Sobald seine Stimme abbricht, hört er auf zu leben, wiederholte ich innerlich. Bei mir ist es das Gegenteil. Wenn ich schweige, lebe ich, im Schweigen werde ich Gestalt.
Plötzlich hörte Pedro auf zu lächeln, und ich bekam Angst. Sein Blick wurde hart:
„Ich bin dein Freund, und ich will alles wissen."
Ich zitterte vom Kopf bis zu den Füßen. Mein Atem ging schneller, meine Nasenflügel bebten. Er will alles wissen, sagte ich zu mir. Er hat keine Angst, alles zu erfahren.
„Hast du den Tod des kleinen Prinzen gewünscht? Antworte!"
„Ich flehe dich an, Pedro, ich flehe dich an. Stelle mir keine Fragen!"
„Wolltest du deshalb unbedingt den Rückweg antreten? Um wieder Kind zu werden und zu sterben?"
„Stell mir keine Fragen, Pedro!"
Pedro durchbohrte mich mit einem langen Blick, bis Stimmengeräusche ihn ablenkten.

Der Offizier hämmerte auf den Tisch. Er schrie. Er war wütend:

„Rede, Sakrament noch mal! Mach's Maul auf! Hör endlich auf zu spielen, uns etwas vorzumachen! Warum bist du zurückgekommen? Wer hat dich geschickt? Wer hat dich hereingeschmuggelt?"

Michael hörte zu, als spreche der andere mit einem Dritten. Er spricht ja nicht mit mir: nicht ich stehe hier wie ein stummer Zeuge. Nicht Michael. Michael ist fort. Über alle Berge mit dem kleinen Prinzen.

Ein scharfer brennender Schmerz durchzuckte ihn und traf seine Ohren, seine Augen, seine Nieren, seine Arme. Der Offizier schrie immer lauter. Seine Stimme durchdrang das Gehirn des Gefangenen mit betäubendem Dröhnen. Michael dachte an die Yogis, denen es gelingt, ihr Bewußtsein zu leeren. Bei ihnen zieht die körperliche Unbeweglichkeit die des Geistes nach sich. Bei ihm aber nicht. Im Gegenteil: je starrer sein Körper wurde, desto kräftiger, machtvoller, rascher wurde sein Denken. Aufrecht an der Wand stehend, entdeckte er dabei seine Fähigkeit, tausend Stimmen gleichzeitig zu hören, tausend Wege zu sehen, tausend Schicksale abzuwägen. Er hört den Offizier, aber dessen Stimme betäubt ihn nicht allein. Es sind andere da: die Stimme Vàradys, die Milikas, die Kalmans, die Jankels. Seine Empfindsamkeit verschärft sich, sein Sein öffnet sich: wie beim Rabbi von Nikolsburg erreichen ihn alle Laute und Stimmen der Erde und der Wasser. Er hört sogar jene lautlosen Zeichen, die manche Geschöpfe, manche Schicksale aussenden. Jetzt begreift er, warum der Mensch sich zum Märtyrertum hingezogen fühlt, warum er sich die unvorstellbarsten Leiden auferlegt: sein Leben genügt ihm nicht, er möchte, daß das Leben der anderen in seinen Adern poche, er möchte die Schreie und Tränen derer einfangen, die mühselig kämpfen und verzweifeln.

„Warum?" schrie der Offizier.

„Warum?" fragte ein junges, blondes, trauriges und bebendes Mädchen. „Warum bist du weggelaufen?" Ein kleiner Junge hebt den fieberhaft fragenden Blick zu ihr auf: „Warum hat man mich in das schwarze Loch geworfen?" Kalman murmelt in seinen vergilbten Bart: „Warum hast du heute nicht dein Gebet gesprochen?" Und Hersch-Leib: „Warum hast du keine Beine aus Holz?"

Draußen ist es Mittag. Die Sonne steht im Zenit und verfolgt ihre Untertanen, die da unten Mensch spielen.

Der Fleischer wischt sich mit seinem blutbespritzten Schurz die Stirn ab.

Der Gemüsehändler sagt zu seiner Frau: „Geh essen, ich komme nach."

Der Uhrmacher beobachtet hinter dem Ladenfenster die Vorübergehenden: auch heute will er nicht Mittag essen gehen. Seit er Witwer ist, schmeckt ihm das Essen nicht mehr.

Für die Einsamen ist Essen eine Qual. Er beurteilt die Fußgänger: sie sind schlecht gestellte Uhren, die verschiedene Zeiten anzeigen.

Schließlich verstummte der Sprecher aller Fragen. Tiefes Schweigen füllte den Tempel. Die Tür ging auf. Zwei Wächter traten ein, um den Gefangenen in den Waschraum zu führen.

Michael fiel das Gehen schwer; behutsam schleppte er sich vorwärts, ein riesiges Gewicht schien seine Schultern zu erdrücken. Ich habe keine Beine mehr, dachte er, ich habe nur noch zwei Krücken.

Er klapperte mit den Zähnen.

Drittes Gebet

Am Tage seiner Abreise von Tanger rief Michael Pedro an. In Paris hatte sein Schmugglerfreund Meir zu ihm gesagt: „Mein Verbindungsmann in Tanger ist ein merkwürdiger Typ, du wirst ihn interessant finden." Michael wählte seine Telefonnummer eigentlich nur aus Höflichkeit, da er keinen Wert auf Verkehr mit Leuten legte, die nur von Geld, Devisenmärkten, Zollgrenzen und Schwarzhandel sprachen.

„Kann ich mit Señor Pedro sprechen?"

„Wer sind Sie?" fragte eine herrische Stimme.

„Ein Freund von Meir."

„Michael?"

„Ja."

„Seit drei Wochen warte ich auf Ihren Anruf. Meir hat mich gebeten, mich um Sie zu kümmern. Warum rufen Sie so spät an?"

Michael stammelte Entschuldigungen: er war sehr beschäftigt gewesen, er hatte zehn Artikel zu schreiben gehabt. Erst gestern nacht habe er seine Reportage beendet.

„Gut. Kommen Sie heute abend zu mir."

„Das wird leider nicht gehen. Ich fahre mit dem Nachmittagszug nach Casablanca. Ich werde dort erwartet. Sie kennen die Betreffenden. Wir sind zusammen bis hierher gereist."

„Sie werden morgen fahren."

Michael versuchte Einspruch zu erheben, aber Pedro schnitt ihm kurzerhand das Wort ab:

„Ich erwarte Sie heute abend um elf Uhr im ‚Schwarzen Kater'. Das Lokal liegt im *Soco Chico.* Seien Sie pünktlich."

Damit hängte er auf.

Michaels Zögern umspannte die Dauer eines Blitzes. Etwas in Pedros Stimme hatte Neugierde in ihm erweckt. Stimmen fesselten ihn mehr als Gebärden. Er stellte sich Meirs Freund wie einen grausamen, verschlossenen Gangster mit bösem

Blick vor. Er beschloß, noch einen Tag zuzugeben und sich keiner Begegnung zu entziehen.

Nach einer Woche war Michael noch immer in Tanger.

Seine Reise nach Nordafrika verdankte er Freund Meir. Dieser war ihm eines Tages auf der Straße begegnet und hatte entsetzt aufgeschrien: Michael sah aus wie ein halb Verrückter. Unrasiert, mit eingefallenen Schultern, mit gehetztem Blick, abwesend, glich er einem Bettler, Schlafwandler und einem Dichter aus der Gosse. Er sprach vor sich hin und lachte ohne ersichtlichen Grund.

„Michael!" rief Meir, ihm den Weg versperrend.

Michael musterte ihn eine lange Weile und schien ihn nicht wiederzuerkennen. Dann weinte und lachte er plötzlich in einem Atemzug.

„Was ist los mit dir?" fragte Meir beunruhigt.

„Ich bin krank. Sehr krank. Krank vom Leben, krank vom Gehen, krank vom Lachen."

Meir winkte ein Taxi herbei und nahm seinen Freund ins Hotel mit. Er ließ einen Arzt kommen, der die einfache Diagnose stellte: „Überanstrengung." Er gab ihm eine Spritze. Michael sank in einen tiefen Schlaf und wachte erst vierundzwanzig Stunden später auf.

Auf seinem Bettrand saß Meir und lächelte ihm zu:

„Du hast mir einen schönen Schrecken eingejagt, weißt du."

„Ich glaubte dich immun gegen die Angst", erwiderte Michael.

Er war erschöpft. Seit Jankels Tod war er nicht mehr in seinem Zimmer gewesen. Er war nur in den Straßen umhergeirrt, hatte auf Bänken, unter den Brücken genächtigt und das Schicksal und die Mahlzeiten der Clochards geteilt. Mitunter, wenn er nicht mehr konnte, hatte er sich auch ins Nachtasyl geschleppt, wo man im Austausch gegen ein Gebet an den Herrn Jesus einen Teller Suppe, ein Stück Brot und eine Tasse schwarzen Kaffee bekam. Er entschloß sich jedoch nur zu diesem Ausweg, wenn er Hunger und Müdigkeit nicht länger aushielt.

„Wie ist das nur gekommen?" wollte Meir wissen. „Erzähl!"

„Da ist nichts zu erzählen. Jedermann kann krank werden."

Er hatte gelernt, sein Leiden für sich zu behalten; wenn alles verloren ist, leistet es Gesellschaft und verleiht ein Ich.

Meir drang nicht weiter in ihn. Dafür behielt er ihn einige Wochen bei sich, bis er wiederhergestellt war. Dann schlug er ihm vor, eine Reise für ihn zu machen:

„Verlasse Europa. Das wird dir guttun. Nächste Woche fahren drei meiner Agenten im Wagen nach Casa, über Spanien, Tanger und Spanisch-Marokko. Fahr mit."

„Wozu? Um zu schmuggeln? Du hast vergessen, daß ich für diese Art der Arbeit nicht geeignet bin."

„Ich hab's nicht vergessen. Für den Schmuggel verfüge ich über Leute, die sich dabei weniger ungeschickt anstellen als du."

„Was soll ich dabei tun?"

„Nichts. Dich ausruhen. Lerne wieder leben, lerne genießen."

Michael wies das Angebot ab. Er wollte kein Schmarotzer auf Kosten seines Freundes sein. Aber Meir gab sich nicht geschlagen.

Am nächsten Tag kündigte er ihm an:

„Ich habe eine gute Nachricht für dich. Stell dir vor, ich verfüge über gute Beziehungen zur Presse. Ab jetzt bist du ein Journalist. Eine Pariser Wochenzeitschrift ist bereit, deine Reiseberichte zu veröffentlichen. Du wirst anständig bezahlt werden. Was sagst du dazu?"

„Wen kennst du bei dieser Wochenzeitschrift?"

„Die Frau des Herausgebers, oder seine Geliebte, ich weiß nicht genau. Sie stammt aus unserer Heimat. Du wirst dich noch an sie erinnern, Milika."

Michael fühlte, wie sein Herz sich zusammenzog. Milika. Er erbleichte. Glücklicherweise fiel es Meir nicht auf.

„Ich habe ihr von dir erzählt. Sie arrangiert diese Dinge mit ihrem Mann, sofern er nicht ihr Geliebter ist. Willst du sie wiedersehen?"

„Nein", sagte Michael nach einem Schweigen.

Milika, dachte er. Milika als verheiratete Frau, Milika als Geliebte. Milika in greifbarer Nähe.

„Nun?" fragte Meir ungeduldig. „Reist du?"

„Ja."

„In Tanger habe ich einen Verbindungsmann. Pedro. Ein merkwürdiger Typ. Du wirst ihn interessant finden."

„Zweifellos", sagte Michael.

Am Spätnachmittag verließ Michael das Hotel El-Mabruk. Seine Verabredung war erst für Stunden später vereinbart. Er hatte Zeit und beschloß, sie für einen letzten Gang durch die Stadt zu verwenden. Er liebte es, allein die düsteren Gassen dieses Häusergewimmels zu durchstreifen, das dem unverrückbaren Blick Gibraltars ein offenes Fenster auf Afrika schenkte.

Tanger war in blausamtene Dämmerung getaucht. Am Eingang zum *Soco Chico* standen die Pulte der Geldwechsler gleich einer Reihe von Gespenstern. Schwermütige Ruhe hatte das vielsprachige Stimmengewirr des Tages abgelöst.

Auf dem Marktplatz wiederholte der alte Erzähler wie jeden Abend dieselbe Geschichte, die unter den Zuhörern ebensoviel Begeisterung entfachte, als hätten sie diese zum erstenmal gehört. Rings um den ausgemergelten Alten gekauert, begleitete eine hundertköpfige Versammlung von Arabern bestimmte Stellen mit Gelächter, Freudenrufen oder Schreckensschreien. Michael dachte: wenn ich wieder auf die Erde komme, will ich Märchenerzähler werden. Vom ersten Menschen an bis zum Ende aller Zeiten ist und bleibt die Stimme das einzige Werkzeug, das dem Menschen erlaubt, Träume und Geheimnisse auszutauschen.

Die Nacht wurde dichter, und die eintönige Stimme des Alten schien von weit her zu kommen. Neben Michael schlummerte ein Araber ein; noch in seinem Schlaf stieß er jedesmal glucksende Laute aus, oh – ah ..., wenn die Erzählung die Beteiligung des Chors erforderte. Michael dachte: er ist ein glücklicher Mensch, gleichgültig, ob er schläft oder wacht, derselbe ununterbrochene Traum verbindet seine Tage und Nächte.

Er beugte sich leicht vor, um den Mann besser betrachten zu können, der, das Haupt auf der Brust, behaglich, friedlich schlief. In seinen Gedanken sagte Michael zu ihm: du bist glücklich, guter Diener Allahs. Du kannst vermutlich weder lesen noch schreiben, du hast bestimmt nie von der Kernspaltung und noch weniger über Heinrich von Kleist gehört. Die Frage nach der Unsterblichkeit der Seele läßt dich kalt; die Frage, ob Hegel tief religiös oder tief atheistisch war, kümmert dich nicht. Du bist glücklich. Allah ist groß, und wenn das, was er tut, nicht groß ist, so ist das seine Sache und nicht die deine. Du schläfst. Die Tage gleichen den Tagen, die Träume den Träumen, die Menschen wiederholen immer wieder dieselben Geschichten, die Flüsse fließen ins Meer: warum dich also quälen? Warum begehren, was außerhalb deines Lebens liegt? Warum in der Ferne suchen, wenn Allah überall groß ist, im Schlaf wie im Glück, in der Freude wie im Vergessen? Recht hast du, schlaf weiter. Friede sei mit dir, treuer Diener Allahs. Morgen wirst du einen neuen Tag anbrechen sehen, der dem gestrigen gleicht. Du wirst die uralte Geschicklichkeit des Schlangenbeschwörers bewundern, du wirst wieder deine Wasserpfeife rauchen, du wirst ins Leere starren, und am Abend wirst du dich wieder hier einfinden: nichts wird sich verändert haben. Glückselig diejenigen, die die Augen schließen; für sie verändert sich nichts.

Plötzlich fuhr der Araber auf und bemerkte ihn. Den Bruchteil einer Sekunde zögerte er zwischen Überraschung und Erschrecken: was wollte der Fremde von ihm? Wozu betrachtete er ihn und obendrein aus so großer Nähe? Das Ganze dauerte jedoch nicht länger als einen Lidschlag, denn schon versank er wieder in seinen Schlaf: der Fremde mußte sich im Traum getäuscht haben.

Der Geschichtenerzähler kniete nieder, seine Stimme wurde abgehackt, auf Stirn und Bart schimmerten Schweißperlen. Er gestikulierte, er wehrte sich gegen unsichtbare oder für ihn allein sichtbare Kräfte, ohne die jede Erzählung leer erschienen wäre. Die Spannung der gebannten Zuhörer wuchs von Minute zu Minute. Wie ein einziger Mensch verhielt die Menge den Atem.

Michael erriet, daß die Erzählung gleich zu Ende sein würde. Die glückliche Fügung – der erbarmende Eingriff Allahs, das Wunder war nahe. Begierig, mit offenem Mund, warteten die Araber auf den Augenblick der Lösung, um ihn mit wildem

Geschrei zu bejubeln. Alles hat ein gutes Ende. Von oben schaut einer zu und lächelt.

Aus Angst vor dem kommenden Gefühlsausbruch der lauschenden Menge stand Michael auf und machte sich eilends davon.

Schlag elf Uhr öffnete Michael geräuschlos die Tür zu dem Café, auf dessen Schild ein dicker schwarzer Kater träge seine Pfoten leckte. Michael blieb auf der Schwelle stehen: dichte Rauchwolken versperrten ihm zunächst den Eintritt. Am anderen Ende des Raums, der einer Taverne glich, sah er im Schwadenlicht den einzigen besetzten Tisch. Unter dem belustigten Blick eines hochgewachsenen Burschen mit hartem Gesichtsausdruck berauschten sich rauchende Männer.

Michael blieb eine ganze Weile verwirrt und regungslos stehen. Sein Herz schlug heftig wie vor einer unvermuteten Gefahr.

Die Gäste, etwa zwölf an der Zahl, hielten sich an einem jungen weibischen Moslem namens Jusuff schadlos. „He, Jusuff! Wo ist denn deine heißgeliebte Frau?" Jusuff streichelte sich das Kinn und antwortete lachend: „Sie ist dabei, mich zu betrügen, die Metze!" Die anderen wollten mehr wissen: „Mit wem, Jusuff? Mit wem denn? Raus mit der Sprache!" Der junge Muselman lachte noch mehr: „Mit wem? Mit meinem hochverehrten Vater natürlich! Mit wem soll sie mich denn sonst betrügen?!" – „Bravo, Jusuff, bravo!" schrien seine Kumpane. „Er hat mir meine Frau gestohlen, und sie hat mir meinen Vater gestohlen!" Die anderen fanden den Vorfall kurzweilig: „Klar, Jusuff! Die Welt wimmelt von Dieben! Das ist so, da kann man nichts machen!" Jusuff verzog das Gesicht: „Eines Tages nehme ich meinen Dolch ..." Die Zechbrüder brannten vor Neugierde. „Und dann, Jusuff? Los, erzähl!" Jusuff ballte die Faust: „Eines Tages werde ich meinen Dolch nehmen, die beiden in Stücke schneiden und den Schakalen zum Fraß vorwerfen!"

Seine Kumpane waren noch immer nicht befriedigt und wollten das allerletzte Ende wissen: „Wozu denn noch warten? Warum tust du's nicht gleich?" Jusuff fuhr sich mit der Zunge über die Lippen: „Nein, noch nicht! Ich liebe meinen Haß, versteht ihr! Er ist mein Atem, ich behalte ihn bei mir!" Ein seltsames Leuchten in den Augen, verstummte er jäh. Michael blickte den großen Burschen an, der einem Block stummen Marmors glich.

Nun war Jusuff an der Reihe, seinerseits zum Angriff überzugehen. So wandte er sich an seinen Nachbarn zur Rechten, einen Spanier mit gewelltem Haar, der mit Tränen in den Augen einer fernen Klage zu lauschen schien. „He, Luis!" brüllte er ihm ins Ohr. „Wo ist denn dein Haß?" Luis lächelte wehmütig: „Ich habe ihn verloren, *amigo.* Ich weiß nicht, wo er geblieben ist." – „Dann suchen wir ihn eben, den Scheißkerl, was! Was hältst du davon?" Der Spanier schüttelte betrübt den Kopf: „Zu spät. Ich weiß nicht, wo ich ihn suchen soll. Vermutlich reist er um die Welt." Dann erzählte er seinen Kameraden eine Geschichte aus dem Bürgerkrieg: „Ich habe auf der Seite Francos gekämpft. Ich habe die Belagerung des Alcazar mitgemacht." Er wurde verwundet und lag verlassen in seinem Blut auf dem Schlachtfeld. Die *Rojos* stürmten auf ihn zu, als sei er die zu erobernde Stellung. „Ich sterbe." In beiden Lagern machte man kurzen Prozeß mit den Verwundeten. „Nur noch eine Minute zu leben." Er schloß die Augen und sprach ein Gebet. Plötzlich eine Stimme. Er hob die Lider. Ein Gesicht. Zornverzerrt. Ein deutscher Kommunist, Arzt. Ringsumher sausten die Kugeln. „Faschistenschwein, Gewürm, Auswurf, Sohn einer Hündin! Mörder!" So grölend, beugte der Arzt sich über ihn, stillte den Blutstrom, legte ihm einen Verband an. „Dann blickte er mir gerade in die Augen und spuckte mir unversehens ins Gesicht." An jenem Tag verlor er die Lust am Kampf und sagte dem Krieg und der organisierten Grausamkeit Lebewohl. „Der Speichel hat meinen Haß fortgewaschen. Heute müßten die Menschen spucken lernen." Luis' Stimme brach. Mit seinen nervösen Fingern fuhr er sich übers Gesicht und suchte nach einer unsichtbaren Narbe. Die Zechkumpane donnerten Beifall und leerten die Gläser. Michael blickte den hochgewachsenen Burschen an, der kein Wort sprach.

Luis' trüber Blick wanderte über den Tisch und blieb schließlich an einem Riesenkerl haften, der unablässig seinen buschigen Bart kratzte. „Wassilij", fragte er ihn schüchtern, „du nennst dich doch einen Rumänen und einen Bildhauer. Stimmt es, was man sich erzählt?! Daß du weder das eine noch das andere bist?" Wassilij stieß ein ohrenbetäubendes Lachen aus: „Mein armer *amigo*, das hättest du mich nicht fragen dürfen!" Luis senkte beschämt den Kopf, so daß Wassilij Mitleid mit ihm bekam, und sagte: „Geh, das macht nichts. Man muß nur die Fragen zu stellen wissen. Euch Spanier interessieren nur die Antworten. Bitte mich, von der Angst zu sprechen." Luis gehorchte schleunigst: „Sprich uns von der Angst." Der Riese lachte von neuem und sagte: „Na gut, wenn du darauf bestehst. Ich werde euch von der Angst sprechen. Es war während des letzten Krieges ..." Eine Spionagegeschichte, Geheimagenten, die im besetzten Frankreich mit Fallschirmen abgesetzt worden waren. Wassilij wurde erwischt. Die Gestapo ließ ihn zwei Flaschen Cognac hinuntergießen. „Aber ich habe nichts gesagt. Die Angst hat mich dauernd wachgehalten." Im tiefsten Kern seiner Betrunkenheit wachte die Angst wie ein Inselchen der Hellsicht. Dorthin war sie geflüchtet. „Ach, meine Freunde! Gesegnet sei der Herr, der uns die Angst geschenkt hat! Dank ihrer vervielfältigte ich mich, spreche ich in der Mehrzahl wie die Könige. Für eine Minute der Angst gebe ich alles her! Alles!"

Michael hörte mit einem Krampf im Herzen zu. Die Szene schien ihm unwirklich zu sein. Träume ich? dachte er.

Wassilij zupfte seinen Bart, wie um sich wehzutun. Luis hatte seinen Kopf noch nicht gehoben. Jusuff streichelte sich das Kinn. Die Zechbrüder füllten ihre Gläser und begannen, ihren Bildhauerfreund mit langgezogenem *Brrr* zu necken, als schlotterten sie vor Angst. Mit einemmal brach alles Gelächter ab. Der hochgewachsene Bursche, der bisher keinen Ton von sich gegeben hatte, sagte:

„Hört, Freunde. Die Wirkungen der Angst sind vielfältig. Die einen lähmt sie, die anderen stärkt sie. Schreibt nicht Nietzsche irgendwo: ‚Was mich nicht zerstört, macht mich stärker'? Wen die Angst nicht zerbricht, den macht sie stärker. Das kommt aber nur bei hochgradig sensiblen Naturen von glühender Phantasie vor, bei den Künstlern, bei den Asketen.

Indem sie sich an die Angst klammern, schaffen sie ihre Kunstwerke, ihre Gottesschau."

Wer ist das? fragte sich Michael mit angehaltenem Atem. Ein Philosoph der Unterwelt? Ein Exildichter? Stakya Muni unter den Bösewichtern? Sein Französisch hatte einen melodiösen, etwas hochtrabenden Klang. Seine Stimme war sehnsüchtig, vibrierend und grub eine dunkle Spur ins Dunkel. Sie spiegelte endlose Felder, düstere Wälder, riesige Einöden. Dem einen brachte sie Unruhe, dem anderen Frieden. Sie war der Dolch, der die Wunde öffnete, und der Balsam, der sie heilte.

Die anderen nickten zustimmend, und ihre Augen hingen an seinen Lippen. Welche Kraft fesselt ihn an sie? fragte sich Michael zitternd. Für diese voneinander so verschiedenen Männer mußte Nietzsche ein Bandenführer sein und die Kunst ein guter Tip für den Schwarzmarkt. Sie schienen das, was der große Bursche ihnen sagte, hinzunehmen, auch ohne nur ein Wort davon zu verstehen. Sie bewunderten, sie fürchteten ihn: er besaß Macht über sie. Sie sprachen nur ihn an, machten nur den Mund auf, weil er da war und sie anhörte: sie gaben sich nur hin, um ihn reicher, tiefer zu machen, sie schenkten ihm ihre Tatkraft, damit er sie dem Schlamm entreißen sollte und läutern. Sie halten ihn für Gott, dachte Michael: darum ist er auch so einsam und so hellsichtig.

Michael machte einen Schritt vorwärts.

Diesmal hatten sie ihn gehört. Mit feindlich erstarrten Mienen drehten sich alle nach ihm um. Er hat ihr Spiel unterbrochen, ihr Geheimnis erforscht. Kein Mensch sagte ein Wort. Die Zeit hört auf zu fließen. Die Luft wurde zäh und schwer.

„Sie sind Michael", sagte der Große, der ihn unablässig musterte. Bis dahin hatte Michael nicht bemerkt, daß der andere einen so durchdringenden Blick hatte, der scharf wie ein Messer war. Michael mußte seinen ganzen Stolz auf den Plan rufen, um aufrecht stehen zu bleiben.

„Sie sind Michael", wiederholte der andere.

„Ja."

„Kommen Sie näher und setzen Sie sich."

Mit festem Schritt nahm Michael zwischen Luis und dem Araber Platz. Wassilij schob ein Glas vor ihn hin, das er mit Wodka füllte. Michael rührte es nicht an. Er sagte sich: ich wollte frei und stark sein, ich bin es. Die Macht dieses großen, düsteren Menschen besteht darin, daß er mich zur Freiheit erweckt.

„Trinken Sie", sagte der große Bursche. „Trinken Sie, und erzählen Sie uns eine Geschichte."

„Ja, ja!" riefen die anderen. „Erzählen Sie eine Geschichte ..."

Von neuem wurden sie ausgelassen. Wie Kinder, die es satt sind, artig zu sein. Sie klatschten in die Hände, zwinkerten einander zu, fuhren sich mit der Zunge über die Lippen und verlangten nach der Geschichte.

„Zuerst werde ich Ihnen eine Geschichte erzählen", sagte Michael. „Nachher werde ich trinken."

Er nahm eine Zigarette, die auf dem Tisch lag. Er erinnerte sich daran, daß Kalman eines Tages zu ihm gesagt hatte: manchmal kommt es vor, daß wir lange gegangen sind, ohne zu wissen, daß wir den Weg einzig und allein zurückgelegt haben, um ein bestimmtes Wort, einen bestimmten Satz an einem bestimmten Ort auszusprechen. Die Begegnung des Raums mit dem Wort ist ein seltenes Ereignis im menschlichen Dasein.

Er versenkte sich in seine Erinnerungen und suchte lange. Er drehte die Seiten um, wog Episoden, musterte die Gesichter, die allesamt in seinem Innern verschmolzen lagen. Schließlich erkannte er am Beben seines Herzens, daß er das Richtige gefunden hatte.

Die Zigarette zwischen den Lippen, nahm er ein Streichholz. Es zitterte in seiner Hand. Das beschämte ihn. Wenn er die Geschichte vom kleinen Mendele nie erzählt hatte, so deshalb, weil er fürchtete, seine Ergriffenheit nicht meistern zu können. Der Tod des kleinen Mendele wog und verdiente mehr als nur ein Zittern, das die Finger durchläuft.

„Der Held meiner Geschichte", sagte Michael, „ist weder die Angst noch der Haß; er ist das Schweigen. Das Schweigen eines fünfjährigen Juden. Er heißt Mendele. In seinen Augen lag das ganze Leiden seines Volkes. Er wohnte in Szerencsevàros, das ist ungarisch und heißt Glücksstadt. Eines Tages beschlossen die Deutschen, das Land von der sogenannten jüdischen Pest zu befreien. Feige, Mendeles Mutter, eine schöne fromme Witwe, wurde daraufhin von einem alten Freund ihres verstorbenen Mannes besucht, von einem Bauern, der auf der anderen Seite des Gebirges einen Hof besaß.

‚Nimm deinen Sohn, Feige, und komm mit mir', sagte der Bauer. ‚Ich schulde es meinem Freund, die Seinen zu retten. Eil dich und komm!'

Es war abends. Die Straßen schienen verlassen. Der Bauer führte die Witwe und ihren Sohn an die Stelle, wo er seinen Wagen stehen gelassen hatte. Er hieß sie einsteigen und sagte:

‚Ich werde den Wagen beladen. Ihr werdet unter einem Heuhaufen begraben werden. Es muß sein. Ich werde zwei Löcher freilassen, damit ihr atmen könnte. Aber gebt acht! Um Himmels willen gebt acht! Rührt euch nicht! Besonders, wenn es aus der Stadt heraus geht, bei der Wache! Sag's auch deinem Kind, Feige!'

Feige nahm das Gesicht ihres Sohnes in die Hände und sagte, seine Haare zärtlich streichelnd:

‚Hast du gehört? Wir müssen ganz still sein! Was auch kommen mag! Das ist unsere einzige Hoffnung. Davon hängt unser Leben ab. Selbst wenn du Angst hast, selbst wenn es dir schlecht wird, schrei nicht, heul nicht. Nachher kannst du schreien und heulen, soviel du willst. Verstehst du, mein Bub?'

‚Ja. Ich versteh's, Mutter. Hab keine Angst. Ich werde nicht schreien. Ich verspreche es dir.'

Bei der Wache fragten zwei ungarische Polizisten mit der schwarzen Feder an der Kappe den Bauern nach seinem Weg.

‚Ich fahre heim', antwortete dieser. ‚Ich habe zwei Höfe, zwei Äcker, getrennt durch die Stadt. Um Heu oder Korn von einem Gut zum anderen zu bringen, muß ich durch die Stadt fahren. Ich mache es so oft, daß meine Pferde ihren Weg allein finden.'

‚Was hast du in deinem Heu versteckt?'

‚Nichts, meine Herren Offiziere. Gar nichts. Ich schwöre es Ihnen. Ich habe nichts zu verstecken.'

Die Polizisten zogen ihre langen Säbel aus den schwarzen Scheiden und stießen sie von allen Seiten ins Heu. Es dauerte eine Ewigkeit. Schließlich konnte der Bauer sich nicht länger beherrschen und stieß einen Seufzer aus, den er aber sofort mit dem Handrücken zu ersticken suchte. Zu spät. Einer der Polizisten hatte es bemerkt. Der Bauer mußte das Heu abladen, und die Polizisten sahen mit triumphierendem Blick die Witwe und deren Sohn.

‚Mama', sagte Mendele weinend, ‚ich habe nicht geschrien! Ich bin's nicht gewesen!'

Die Polizisten befahlen ihm auszusteigen, aber er konnte sich nicht rühren. Sein Körper war durchbohrt.

‚Mama', wiederholte er, während blutige Tränen ihm in den Mund liefen, ‚ich war's nicht. Ich war's nicht!'

Die Witwe, eine Heukrone auf dem Kopf, antwortete nicht. Sie war tot. Auch sie hatte geschwiegen."

Als Michael verstummte, wurde das eintretende Schweigen unerträglich. Michael dachte: ich habe nicht gezittert: ich habe mit gleichmäßiger Stimme von Anfang bis zu Ende gesprochen, bin ruhig geblieben, kühl, kaltblütig.

Jusuff, der vergessen hatte, sich das Kinn zu reiben, saß mit offenem Munde da. Luis weinte. Wassilij hielt ein leeres Glas in der Hand, das er so heftig preßte, daß es fast in Stücke brach.

Plötzlich sauste eine Faust auf den Tisch und ließ Gläser und Flaschen klirren.

„Trinken wir!" rief der große Bursche. „Trinken wir, rasch!"

Seine Stimme war so voller Verzweiflung, daß Michael aufblickte. Ihre Blicke trafen sich so heftig, daß Blitze sprühten.

„Los, trinken wir!"

Alle füllten ihre Gläser und leerten sie zornig in einem Zug. So lautet das Gesetz der starken und unerbittlich stolzen Männer: sie ertränken das Übel im Wein oder im Blut. Nicht in Worten.

Kurz darauf zerstreute sich die Versammlung. Die Gäste verabschiedeten sich von Michael teils durch Handschlag, teils durch Anstoßen mit dem Ellbogen, teils durch Tippen auf seine Schulter. Der Große und er blieben allein einander gegenüber sitzen.

„Wenn wir glauben, wir sind am Ende, wenn es uns bis zum Halse steht, kommen wir hier zusammen. Wir trinken, und statt das Gedächtnis einzuengen, dehnen wir es aus und füllen es mit Legenden und Lebensbeschreibungen anderer. Und du? Was tust du, wenn du genug hast, wenn dir alles über den Kopf wächst?"

„Dann lache ich", sagte Michael.

Der andere heftete einen schweren Blick auf ihn:

„Du mußt mir eines Tages das Lachen beibringen."

„Ich werde es dir eines Tages beibringen, Pedro."

Michael war nahe daran, ihm eine einfache Frage zu stellen, eine so einfache Frage, daß die Leute sich an ihr gewöhnlich verhedderten: ‚Wer bist du?' Er versagte sie sich. Pedro würde ihm geantwortet haben: „Ich bin. Ist das nicht genug?"

„Gehen wir", schlug Pedro vor.

Die Nacht nahm sie auf. Ein bleicher Mond herrschte schüchtern unter silbernen Sternen. Michael sog begierig die frische Luft ein. Die Stadt atmete Stille. In der Ferne spielte das Meer mit dem Himmel. Der *Soco Chico* schlief, alle Fenster waren schwarz. An einer Gassenecke schnarchte ein Araber. Michael dachte an den Weg, den er durchlaufen hatte. Er hätte nie geahnt, daß am Ende ein Freund auf ihn warten würde.

„Gehst du gern?" fragte Pedro.

„Sehr gern."

„Also gehen wir."

Eine Stunde lang plauderten sie von einfachen, alltäglichen Dingen. Michael schilderte ihm seinen Journalistenberuf. Er sprach leidenschaftlich, begeistert: man spürt das Beben der Menschheit, man steht im Zentralnervensystem der Geschichte, man wird eingeweiht in die Geheimnisse der Götter. Dagegen rühmte Pedro lächelnd die Reize des Abenteuerlebens.

Als sie beim Hotel El-Mabruk herauskamen, fragte Pedro ihn, ob er noch am selben Tage abzureisen gedenke. Michael bejahte. Er werde in Casa erwartet.

„Reise nicht ab. Noch nicht."

„Ich muß aber, Pedro."

„Schade."

Bald würde es Tag werden. Schon stieg die Glut aus der Erde und entzündete den Horizont. Michael wurde plötzlich gewahr, daß er einen Wendepunkt erreicht hatte: er durchlebte einen jener Augenblicke, in dem das Schicksal zusieht. Er fühlte sein Herz jagen. Jetzt stand er am Kreuzweg. Sollte er links oder rechts gehen? Wie auch die Wahl ausfallen mag, sie ruft die Zukunft herbei.

Pedro hob den Kopf und sah, wie der Himmel sich verfärbte. Wer ist er nur? dachte Michael beunruhigt. Soll ich mein ganzes Leben von jetzt ab mit diesem Rätsel verbringen? Was weiß ich von ihm? Ich weiß, daß er eine Legendengestalt ist, die nur in der Nacht leben sollte, um sich nicht zu vergeuden. Ich weiß, daß er ganz, daß er aus einem Guß ist, unbeugsam, imstande, dem Tod mit jeder seiner Gebärden die Stirn zu bieten. Ich weiß das alles, aber dieses Wissen hat vielleicht nichts mit ihm und nur mit mir zu tun. Pedro ist einer jener Menschen, die sich nicht in Worte sperren lassen. Für sie sind Worte ein Gefängnis.

„Sieh den Himmel", sagte Pedro, „die Nacht weicht."

Michael hob den Kopf. Die Dunkelheit verzog sich und schleppte dunkelgraue rotgefranste Wolken hinter sich her. Noch einmal siegte der Tag und verjagte den Feind mit Fußtritten. Das sich wiederholende Geheimnis der Schöpfung, dachte Michael. Der Kabbala zufolge zerbrach Gott nach der Erschaffung der Welt seine Werkzeuge. Warum? Um sich nicht zu wiederholen?

„Sieh den Himmel", sagte Pedro. „Wenn du nicht aufmerksam zusiehst, nimmt er vielleicht etwas von dir mit und schenkt es der Nacht, um sie zu besänftigen."

„Die Nacht würde sich mit so wenig nicht zufriedengeben."

„Du kennst sie nicht."

„Doch, Pedro, ich kenne sie."

Pedro straffte sich. Er blickte ihm gerade in die Augen.

„Erzähl", sagte Pedro einfach.

„Nein. Jetzt nicht. Noch nicht. Die Kraft hat sich in mir noch nicht kristallisiert. Ich möchte Gott lästern, aber ich kann nicht. Ich lege mich mit Ihm an, ich hebe die Faust, ich schäume vor Wut, aber damit sage ich Ihm noch gewissermaßen, daß Er da ist, daß Er ist, daß Er sich nicht ähnelt, daß noch die Verleugnung eine Anbetung Seiner Größe ist. Der Schrei wird zum Gebet. An dem Tag, an dem mein Schrei rein sein wird, werde ich erzählen."

„Du hast unrecht", sagte Pedro. „Der Weg ist nicht weniger wichtig als das Ziel. Wer an Gott denkt und dabei den Menschen vergißt, läuft Gefahr, sich über das Ziel zu täuschen: Gott ist vielleicht der Nachbar von nebenan."

Sie verstummten. Pedro legte die Hand auf die Schulter des jungen Mannes, wie um ihn zu schützen. Michael hätte ihn am liebsten gefragt: „Sag mir die Wahrheit, Pedro. Bist du Gott?" Plötzlich zitterte er.

„Pedro", hörte er sich verwundert sagen, „ich reise nicht."

Mit diesen Worten wandte er seinem Freund den Rücken zu, der keine Verwunderung an den Tag legte.

Michael blieb eine ganze Woche in Tanger. Er sah Pedro jeden Abend, teils in Gesellschaft seiner Bande, teils allein. Beide liebten nächtliche Spaziergänge und gingen nie vor der Morgendämmerung schlafen.

Bisweilen schlenderten sie schweigsam nebeneinander her. Dabei entdeckte Michael die Dichte des Schweigens, seine Tiefe, seine Musik. Man geht, und die Schritte, die auf dem Gehsteig mehr oder minder zusammenhallen, sagen: du bist nicht allein, sondern zu zweit, zu zweit ... Michael begriff, daß das Schweigen nicht eine Einsamkeit, sondern eine Gegenwart ist. Gegenwart Gottes, wenn man allein der Welt gegenübersteht. Gott: ich spüre meinen Atem und weiß, daß er nicht verlorengeht, daß etwas ihn vernimmt; ich fühle, daß ich eins bin mit etwas, das vielleicht die Zeit ist, dessen Dasein die Schläge meines Herzens beweisen. Gegenwart Mendeles, wenn man allein einem Menschen gegenübersteht, der uns begreift, der uns entgegenstrebt. Vielleicht bin ich tot, du auch. Mendele nicht. Hörst du unsere Schritte im Schweigen, Freund? Wir sind die Schritte, er ist das Schweigen. Das Schweigen verleiht unseren Schritten Tiefe.

Pedro sprach von seinen Freunden. Er erzählte ihm, daß Wassilij verheiratet, daß Luis Junggeselle sei, während der arme Jusuff nach einer gescheiterten Ehe zur Homosexualität neige. Die Art, wie Wassilij, der rumänische Koloß, von einer Frau mitgenommen worden war, die er nicht kannte, verdient berichtet zu werden. Eines Abends besuchte er Freunde, eine Versammlung von etwa zehn Personen. Einer fragte ihn nach dem Grund seines Junggesellenlebens. Er erwiderte: ‚Zuerst wollten die Frauen etwas von mir wissen, und ich wollte nichts von ihnen wissen; wer will heute noch etwas von mir wissen?' In diesem Augenblick stand eine Unbekannte mit flammendroten Haaren auf und warf ihm herausfordernd ein einziges Wort entgegen: ‚Ich.' Drei Wochen später waren sie verheiratet.

„Ich glaube an die Einfachheit", sagte Pedro. „Liebt man, soll man sagen: Ich liebe dich. Ist einem nach Weinen zumute, soll man sagen: Ich muß weinen. Merkt man, daß das Leben zu schwer wird, soll man sagen: Ich möchte sterben. Es wird sich immer einer finden, der zuhört."

Sie schlenderten durch die schmutzigen Gassen des *Soco Chico*. Die Mauern verströmten Schweißdünste, die Nacht schien schwer und undurchdringlich. Immer, dachte Michael, wenn ich dieses Wort gebrauche, kommt es mir vor, als lüge ich. In deinem Mund klingt es nicht falsch. Nichts an dir ist falsch: und du nennst dich Schmuggler? Er verspürte Lust, ihn zu fragen: „Was bedeutet Schmuggler sein genau?" Pedro würde geantwortet haben: „Wer sagt dir, daß das etwas bedeuten soll?" Pedro verstand es meisterhaft, jeder Frage im Hinblick auf seine Person auszuweichen.

Plötzlich zerrissen Frauenschreie die Nacht. Sie kamen aus einem Hause mit verschlossenen Läden. Unwirkliche, trokkene, tränenlose Schreie.

„Es ist zwei Uhr", sagte Pedro, ohne auf seine Uhr zu sehen. Angesichts der Verwunderung seines Freundes erklärte er:

„Omar schlägt gerade seine Frau. Er tut es jede Nacht. Schlag zwei Uhr steht er auf und verabreicht ihr eine Tracht Prügel. Dann nimmt er sie in seine Arme und überschüttet sie mit seiner Liebe."

„Man müßte etwas tun", warf Michael ein. „Man müßte ihn daran hindern, sie zu prügeln. Das ist doch ungerecht!"

„Ich habe es versucht. Ja wirklich, ich habe versucht, Omar

gut zuzureden. Er hat mir versprochen, sie nicht mehr zu berühren. Aber am darauffolgenden Tag kam seine Frau angelaufen und bettelte, ich möge ihm sein Versprechen zurückgeben. ‚Er liebt mich nicht mehr wie früher', klagte sie. ‚Er ist schlapp. Seine Liebe ist kraftlos, lasch. Ich habe ihn lieber roh! Ich will, daß er mich schlägt!' Du verstehst also: sie lieben einander. Sie schreit: daher geht alles nach Wunsch."

„Ich verstehe diese Liebe nicht", sagte Michael.

„Dann verstehst du die Liebe nicht."

„Und du? Verstehst du sie?"

Pedro sagte nichts. Das Geheimnis, dachte Michael. Gefahrenzone. Vorsicht. Sie gingen weiter und kamen an eine Stelle, wo man das Meer, einen blauen Kristall, sehen konnte. Pedro blickte unverwandt in die Weite und sagte:

„Ich habe geliebt. Ich nannte sie Felicità, obwohl sie anders hieß. Als leidenschaftliche Kommunistin kämpfte sie wie eine Löwin im Spanischen Bürgerkrieg. In der Nähe von Madrid verwundet, wurde sie von den Faschisten gefangengenommen. Francos Mauren haben sie siebenunddreißigmal geschändet. Ich weiß es. Ein gleichfalls verwundeter Freund von mir hat es gesehen. Er hat mitgezählt. Siebenunddreißigmal. Sie war schon tot, als die Soldaten noch immer die Beine des Mädchens auseinanderschoben, um ihren Schlamm, ihren Schleim in sie zu verspritzen. Wochenlang bin ich wie ein Wahnsinniger von einem Freund zum andern gelaufen und habe geschrien: ‚Ich will sterben. Ich will sterben!' Du verstehst: ich bin Spanier. Bei uns denkt man nicht an die Liebe, ohne gleichzeitig an den Tod zu denken: ich liebte und wollte sterben. Die Liebe und der Tod: die beiden einfachsten Dinge, die dem Menschen gegeben sind. Du fragst mich, ob ich die Liebe verstehe? Ich verstehe sie, denn ich verstehe auch den Tod."

Das Meer fauchte wie ein wildes Tier, das sich seiner Kraft bewußt ist. Am Vorabend war ein Mann in der Nähe des Hafens ertrunken, Michael glaubte noch sein Stöhnen zu hören. Nun erwartete er, daß Pedro sich plötzlich zu ihm umdrehen und ihm vorschlagen würde: ‚Los, wir gehen ins Wasser!' Und in der Tat, Pedro drehte sich um, aber nur, um die Frage an ihn zu stellen:

„Was hättest du an meiner Stelle getan?"

Michael fühlte sich wachsen. Sein Kopf berührte den Himmel, während er die ganze Erde mit den Füßen trat; das Meer war nur noch eine Träne, die in seinem rechten Auge glänzte. Eine Menge von Gesichtern und Schicksalen lieferten sich einen heftigen Kampf in seiner Brust: der verrückte Moische zwang Mendele, seinen Urin zu trinken, Martha rannte hinter Kalman drein, um ihn zu vergewaltigen. Milika schickte sich an, den alten Vàrady zu schlagen.

„Was ich getan hätte?" donnerte Michael. „Ich hätte die Welt aus den Angeln gehoben."

Die Worte hallten im Getose des Meeres wider. Michael ballte die Fäuste. Das Unwetter raste in ihm.

„Ich hätte Felicitàs Leiche gefunden", fuhr er fort. „Ich hätte alle Leichen Spaniens ausgegraben, um Felicitàs Leichnam zu finden. Auch ich hätte sie beschlafen."

Michael mußte alle Kraft zusammennehmen, um nicht in die Knie zu sinken, um nicht den Wogen nachzulaufen und dem Menschen, den sie am Vorabend verschlungen hatten.

„Du machst mir Angst", sagte Pedro. „Du möchtest das Leiden auslöschen, indem du es auf die Spitze, und das heißt, bis zum Wahnsinn treibst. Zu sagen: ‚Ich leide, daher bin ich', heißt ein Menschenfeind werden. Es muß heißen: ‚Ich leide, daher bist du.' Camus sagte irgendwo: man muß Glück schaffen, um damit gegen die Welt des Unglücks zu protestieren. Ein Pfeil zeigt den Weg, den der Mensch einschlagen muß: er führt zum anderen und nicht durchs Absurde."

Von allen Worten, die Michael von Pedro hörte, sollten diese ihm später zu Hilfe kommen.

Die Woche ging zu Ende. Michael begann von neuem, seine Abreise vorzubereiten. Paris hatte ihn benachrichtigt, daß seine Artikel angenommen waren, sie würden laufend erscheinen, man forderte Fortsetzungen.

„Was kann ich für dich tun?" sagte Pedro.

„Nichts. Du hast genug getan."

Sie tranken schwarzen Kaffee in Michaels Hotelzimmer. Ein brennendes Nachttischlämpchen tauchte das übrige Zimmer in sanftes Halbdunkel. Die Stadt schlief. Pedro rauchte seine Pfeife. Michael dachte, daß er morgen in Casablanca sein würde. Werde ich meinen Freund wiedersehen? Sein Herz zog sich zusammen.

„Sag mal, Michael, wenn ein Engel dich auffordern würde, einen Wunsch zu äußern, was würdest du sagen?"

Michael überlegte lange und erwiderte, ein wehmütiges Lächeln auf den Lippen, „noch einmal meine Geburtsstadt sehen. Ich würde gerne zehn Jahre meines Lebens hingeben, um dort vierundzwanzig Stunden zu verbringen."

„Um dort was zu tun?"

„Um mich umzusehen. Um zu sehen, was in meiner Abwesenheit aus der Stadt geworden ist. Wie wenn ein Toter am Tage nach seiner Beerdigung auf die Erde zurückkehren wollte. Um seine Kameraden, seine Freunde zu sehen, die nach wie vor leben, kämpfen, betrügen, als habe er nie gelebt."

Er stand vom Tisch auf und begann, im Zimmer auf und ab zu gehen. Pedro blickte ihm, still vor sich hinschmunzelnd, mit überschlagenen Beinen nach.

„Seit Kriegsende tue ich nichts anderes als Szerencsevàros zu suchen", fuhr Michael fort. „Ich vermutete es überall, nur nicht da, wo es auf dem Atlas liegt. Ich sagte mir, auch meine Heimatstadt sei deportiert, sei verpflanzt worden, nach Deutschland oder in den Himmel. Nun möchte ich dorthin zurückkehren. Um zu sehen, ob sie noch da ist, ob sie noch sich selbst gleicht."

Er konnte nicht stehenbleiben. Er brannte:

„Du hast sicherlich von jenen indischen Weisen gehört, die eines Morgens aufstehen, Frau und Kinder verlassen und auf die Suche nach einer Wahrheit gehen, ohne zu wissen, wo sie zu finden ist? Ich weiß es: sie ist in Szerencsevàros zu finden."

Pedro goß sich eine neue Tasse Kaffee ein, trank bedächtig ein paar Schluck, zündete wiederum seine Pfeife an und meinte belustigt:

„Das ist also dein Wunsch?"

„Ja."

„Das ist zu machen."

„Eine Blitzreise nach Ungarn."

„Bist du wahnsinnig geworden?"

„Keineswegs. Du vergißt, daß ich eine gewisse Organisation hinter mir habe. Sie hat ihre Fäden auch in Zentraleuropa. Unsere Agenten gehen dort aus und ein. Für uns ist nichts unmöglich: die Nachkriegsengel sind wir. Mag der Eiserne Vorhang noch so dick sein, wir kennen seine Schlupflöcher."

Überwältigt von seiner Erregung, pflanzte sich Michael vor Pedro auf, der, spöttisch lächelnd, seelenruhig seine Pfeife weiterrauchte.

„Du machst dich wohl über mich lustig, Pedro?"

„Nicht im geringsten."

„Kannst du mich wirklich über die ungarische Grenze schaffen?"

„Gewiß."

„Und mich wieder zurückschmuggeln?"

„Gewiß."

„Unmöglich! Tu's, Pedro, tu's! Und zwar so rasch wie möglich! Morgen. Ich lasse alles hinter mir. Ich verlasse alles: ich bin reisefertig."

Pedro lachte herzlich.

„Immer mit der Ruhe! Allerdings sind gewisse und obendrein haargenaue Vorbereitungen notwendig."

„Wie lange brauchst du dazu?"

„Einige Wochen, einige Monate."

Michael vermochte seine Enttäuschung nicht zu verbergen: es war also eine Illusion gewesen. Er machte eine niedergeschlagene Gebärde. Eine bittere Falte umspann seine Mundwinkel.

„Los", sagte Pedro neckend, „Mut, Michael!"

Und dann ernster:

„Du gehst nach Ungarn. Ich verspreche es dir. Nun höre, was ich dir vorzuschlagen habe. Du gehst nach Casa, kehrst von dort aus nach Paris zurück. Dort wartest du meine Nachricht ab. Keine Angst: ich werde die Sache nicht vergessen. Sobald der Augenblick gekommen ist, werde ich dir Bescheid geben."

Michael gab sich zufrieden. Warten: nichts haßte er mehr. Darauf warten, daß es Tag, daß es Nacht, daß es schön wird.

„Ich werde mich gedulden", versprach er.

„Ich glaub's dir nicht", gab Pedro lachend zurück.

Gegen Mitternacht traten Wassilij und Luis ein. Die anderen konnten nicht kommen, da eine dringende Arbeit sie zurückhielt. Wassilij zog eine Flasche Wodka aus der Tasche und ließ sie herumgehen.

„Trinken wir auf die Ungeduld", sagte Pedro.

Zu viert war die Flasche rasch geleert. Alle waren schwermütiger Stimmung. Wassilij begann, leise eine rumänische *doina* zu trällern, Luis steuerte einen portugiesischen *Fado* bei. Michael sang mit geschlossenen Augen den *Szól a kakas màr,* jenes Hirtenlied, das der Rabbi von Kalew aus der Verbannung befreit hatte. Er sah sich wieder in Szerencsevàros, allein mit dem verrückten Moische. „Du wirst mich nie mehr vergessen."

Wassilij und Luis gingen bald nach Hause, schüttelten ihm zum Abschied fest die Hand und blickten ihm gerade in die Augen, wie es starke Männer tun, die wissen, daß sie einander nicht wiedersehen werden.

„Am Tag, an dem die Welt Ihnen zu eng wird", sagte Wassilij, „kommen Sie wieder zu uns. Bei uns gibt es immer Wodka und kurzweilige Geschichten."

„Abgemacht", sagte Michael.

Wieder allein mit Pedro, wurde er plötzlich traurig.

„Erzähl mir von deiner Geburtsstadt", sagte Pedro.

„Szerencsevàros heißt Glücksstadt. Mach dich nicht über sie lustig: ich bin dort geboren."

Nun öffnete er sich seinem Freunde und erzählte ihm von seiner Kindheit, als müsse er seinem Freunde die Bilder und Träume seiner Vergangenheit einprägen. Er sprach ihm auch von seinen Eltern, von der verwünschten Legende um Vàrady, von dem verrückten Moische und von Kalman, von seinen Freunden Hersch-Leib und Menasche mit ihren messianischen Wunschträumen.

An seiner Pfeife ziehend, hörte Pedro zu. Sein feingezeichnetes Gesicht wechselte oft den Ausdruck, in seinen Zügen malte sich bald Entsetzen, bald Staunen, dann wieder Dankbarkeit, Zorn und besonders Stolz. Seine Augen wurden dunkler, tiefer, brennender: jedes Wort bereicherte sie. Nur die Mystiker sind imstande, mit so anhaltender Sammlung zuzuhören. Nichts von dem, was Michael sagte, ging verloren.

Von Zeit zu Zeit rief Pedro aus: „Was für eine Stadt!" oder: „Das ist ja phantastisch, einfach phantastisch, sage ich dir." Bisweilen unterbrach er: „Ich beneide dich darum, all die Legenden, all diese Schicksale gestreift und gekannt zu haben!"

„Ich schenke sie dir", antwortete Michael sofort. „Sie gehören dir. Der verrückte Moische: nimm ihn! Ich schenke ihn dir. Ich schenke dir meine Vergangenheit, Pedro. Nimm auch Vàrady, nimm Kalman, meinen Lehrmeister, der keinen seiner Blicke vergeudete."

Pedro hörte zu. Stets fand er für jede Episode das richtige Wort, die richtige Bemerkung, und statt ein Schlußpunkt zu sein, diente dieses Wort stets für einen neuen Ausgangspunkt. Michael gewahrte, daß er dank dem Freunde seine eigene Vergangenheit besser verstand. Es kam vor, daß Pedro plötzlich schallend herauslachte, obgleich Michaels Geschichte herzzerreißend war, worüber dieser jedoch nicht böse wurde. Im Gegenteil. Er wußte, daß auf einer bestimmten Ebene eine unmittelbare Beziehung zwischen der betreffenden Geschichte und dem Lachen seines Freundes bestand. Aber gelegentlich beschattete sich Pedros Blick beim Anhören eines Erlebnisses, das an und für sich nichts Trauriges hatte. Auch hier wußte Michael, seine Erzählung würde über Zeit und Raum hinweg das Straßenpflaster mit Blut bedecken. Ein Blick in die Ferne genügte, um zu wissen, wann weinen, wann lachen am Platze war. Pedros Fähigkeit bestand gerade darin, weit zu sehen.

Gegen sechs Uhr morgens erhob sich Pedro und forderte Michael zu einem letzten Spaziergang auf. Die Luft war frisch. Der vom Meer wehende Wind sprach schon von der Nähe des Winters. Die Nacht schickte sich gerade an, die Stadt zu verlassen. Weder Michael noch Pedro bemerkten, daß es kalt war. Schweigsam vereint in dem anbrechenden Tage, schritten sie Seite an Seite.

Dann kehrten sie ins Hotel zurück, tranken von neuem schwarzen Kaffee und fuhren zum Bahnhof. Im Wagen sagte Pedro:

„Ich werde diese Nacht nicht vergessen. Von jetzt ab kannst du sagen: ‚Ich bin Pedro', und ich kann sagen: ‚Ich bin Michael'."

Michael konnte vor Ergriffenheit kein Wort sprechen. Auch er würde diese Nacht nicht vergessen, später würde sie ihm Gesellschaft leisten.

Auf dem Bahnhof hatten sie noch einige Minuten Zeit. Mit gerunzelter Stirn legte Pedro seine beiden schweren Hände auf die Schultern seines Freundes, wie um ihn zu salben, und sagte:

„Versuch, den anderen zu helfen. Vielen anderen. Natürlich zählt dabei nicht die Menge. Aber wie kann man dem einen helfen und dem anderen nicht? Das müßte das Ergebnis unseres stummen Spazierganges Seite an Seite sein. Ich weiß: es ist unmöglich, widersprüchlich. Nur soll sich keiner weigern, eine Gelegenheit ungenutzt zu lassen. Wer sich weigert, verweigert sich seinem eigenen Ich; wer sich dem anderen verschließt, schließt diesem das Herz."

„Werden wir uns wiedersehen, Pedro?"

„Vielleicht, kleiner Bruder. Aber das ist jetzt unwichtig. Es ist nicht mehr wichtig. Statt eines Abschiedsgeschenkes schenke ich dir Platos Ausspruch: ‚Begierig, aber unfähig aufzufliegen, hebt die Seele wie der Vogel auf dem Nestrand den Blick zum Himmel.' Siehst du? Ob wir uns wiedersehen oder nicht, ist unwichtig."

Später: nächtliche Reisen, Flüstern im Dunkeln, flüchtige Begegnungen mit kaum erkannten Unbekannten, gefährliches, stummes Warten. Den Eisernen Vorhang zu durchdringen ist kein leichtes Unterfangen. Der Tod lauert in nächster Nähe: ein Spitzel im Hotel, ein harmlos aussehender Spion, ein Polizist mit der Maschinenpistole in der Faust, ein Hund, der in die Luft schnüffelt. Dort, über die Grenze, verläuft der längste Kilometer Europas. Nicht selten wagen Männer und Frauen ihr Leben, um ihn zu durcheilen – und sterben, bevor sie ihr Ziel erreicht haben.

„Warum bist du gekommen?" fragte Michael.

„Ich bin nie in Ungarn gewesen."

Michael hatte nicht erwartet, ihn wiederzusehen. Das von Tanger erhaltene Telegramm enthielt nur Anweisungen für die Kontaktaufnahme mit dem Agenten: ein Abteil erster

Klasse, Wagen Nummer 761. Als er die Tür aufschob, begierig, den Menschen zu sehen, an dessen Seite er Unheil und Gefahr zu bestehen habe, blieb er wie angewurzelt stehen.

„Guten Tag, Michael. Willst du verreisen?"

„Du ... du ...", stammelte der junge Mann.

Pedro bewahrte wunderbare Ruhe, als sei ihm ein köstlicher Scherz geglückt. Wie immer rauchte er seine Pfeife und sah zufrieden, behaglich, belustigt aus.

„Ich wußte es ja nicht", sagte Michael. „Ich hatte keine Ahnung, daß du mein Reisebegleiter sein würdest."

„Ich liebe Überraschungen", warf Pedro nachlässig hin.

Michael hatte Tränen in den Augen. Nie hatte er sich einem Menschen so nahe gefühlt. Er hätte ihm irgend etwas Gutes antun, ihm ein wertvolles Geschenk machen wollen. Er hätte für ihn leiden, für ihn sterben wollen.

„Danke, Pedro", murmelte er nur.

„Wofür denn? Es gibt nichts Angenehmeres, als einen kleinen Bruder zu überraschen. Hättest du dich sehen können, wie du gerade in der Tür standest, hättest du wie ich an den Reichtum des Daseins, an die Möglichkeit geglaubt, ihn zu erwerben und zu verschenken. Das ist doch so einfach. Du siehst einen Musikanten in der Straße: du brauchst ihm nur tausend statt zehn Franken zu geben, und schon wird er an Gott glauben. Du siehst eine weinende Frau: lächle sie freundlich an, selbst wenn du sie nicht kennst, und sie wird an dich glauben. Du siehst einen verlassenen Greis: öffne dich ihm, und er wird an sich selbst glauben. Du wirst sie überrascht haben. Dank deines Eingreifens wird ihr Inneres erbebt haben. Alles in ihrem Umkreis wird erbeben. Glücklich, wer überraschen und sich überraschen lassen kann. Wollte ich ein Gebet zu Gott sprechen, es würde so lauten: O Gott, überrasche mich. Segne oder schlage mich, aber lasse deinen Segen oder deine Strafe eine Überraschung sein."

Die beiden saßen allein im Abteil. Pedro strahlte, als fahre er in die Ferien. Kein Zeichen von Nervosität, keine Bewegung, die Unruhe verriet. Michael musterte ihn aus der Nähe. Er war mager geworden. Sein Gesicht war gefurchter, die Haut blasser. Aber die Augen bewahrten noch ihre Glut, ihre Kraft.

„Du hättest nicht kommen sollen", sagte Michael.

„Warum nicht? Ich habe immer Ungarn kennenlernen wollen, und besonders eine Stadt, die ... Wie heißt sie doch gleich?"

„Szerencsevàros, Pedro. Szerencsevàros, Glücksstadt."

„Genau. Ich wollte mich davon überzeugen, ob sie wirklich Glück bringt. Dafür muß man hinfahren."

Michael dachte: du hättest nicht kommen sollen, und doch bin ich froh, daß du gekommen bist. Zu zweit werden wir siegen. Wenn zwei Einsamkeiten sich verbünden, gibt es die Welt und sie, aber sie sind stärker als die Welt. Fester, wahrer.

Der Zug rollte gen Osten. Die Landschaft floh am Fenster vorüber. Pedro sprach viel, und Michael dachte: er spricht zu viel. Noch nie hat er so viel gesprochen. Ein schlechtes Zeichen. Er ahnt etwas. Wenn man das Schweigen verwirft, will man gewöhnlich eine Stimme zum Schweigen bringen. Was sagt sie ihm? Wem gehört sie?

Von einem Regenguß durchschauert, verschanzten sich die beiden Freunde und ihr Führer in einem Straßengraben. Sie mußten diese Stellung vor elf abends einnehmen und sie bis um drei Uhr morgens halten. Schlag drei Uhr würde der Führer auf der anderen Seite auftauchen. Im Falle eines Hinderungsgrundes würde das Unternehmen um zwei Tage auf vier Uhr in der Frühe verschoben werden. Glücklicherweise regnete es beim letztenmal nicht.

Pedro gab Michael die letzten Anweisungen:

„Auf der anderen Seite werden wir uns trennen. Wir werden zwei Agenten haben, einen für jeden. Deiner heißt Miklos. Er wird dich bis in die Stadt begleiten. Du hast drei Tage zur Verfügung. Treffpunkt: sechs Uhr abends. Wo willst du uns erwarten? Nenne mir einen passenden Treffpunkt."

„Vor dem Bahnhof", sagte Michael. „Vor dem kleinen Bahnhof. Es gibt nämlich zwei: einen großen und einen kleinen. Ich werde vor dem kleinen warten."

„Nein", sagte Pedro. „Im allgemeinen sind die Bahnhöfe überwacht."

„Dann auf dem Hauptplatz. An der Ecke der Judengasse. Neben der Apotheke Beres."

Pedro war immer noch nicht zufrieden. Obgleich der Führer ihnen Kleider besorgt hatte, wie sie in Ungarn getragen werden, liefen sie dennoch Gefahr, die Aufmerksamkeit auf sich zu lenken.

„Dann vor dem alten Friedhof. Die Zugangsstraße hat wenig Verkehr."

Pedro wog den Vorschlag und stimmte zu:

„Einverstanden. Der alte Friedhof. Mein Führer wird sich dort einfinden. Wo wirst du während der drei Tage wohnen? Hast du sichere Freunde?"

„Ich glaube schon. Dr. Todor war der beste Freund meines Vaters. Er wird mich nicht anzeigen."

„Und wenn es bei dem Doktor nicht geht?"

„Dann schlafe ich in der Holzhütte der alten Martha. Sie ist sicherlich unbewohnt. Martha muß längst tot sein."

Der Führer machte ihnen ein Zeichen zu schweigen. Man hörte die Grenzwächter auf der anderen Seite. Der Himmel war bedeckt, die Dunkelheit undurchlässig. Noch eine halbe Stunde. Michael fieberte. Das große Abenteuer. Der Weg zurück. Nun endlich würde er sich sehen, sich kennenlernen, sich vergleichen können.

„Falls du verhaftet wirst", fügte Pedro hinzu, „versuche drei Tage durchzuhalten. Das gibt den Führern Zeit, über die Grenze zu verschwinden. Hast du Angst vor Quälerei?"

„Ich glaube schon."

„Sie quälen nicht in ihren Gefängnissen. Man hat mir gesagt, sie hätten ein neues System eingeführt: sie treiben den Gefangenen zum Wahnsinn. Sie sperren ihn in eine ‚Tempel' genannte Zelle ein, in der sie ihn mit dem Gesicht zur Wand Stunden und Tage stehen lassen. Das nennen sie ‚Das Gebet'. Glaubst du, daß du das drei Tage lang aushältst?"

„Ich werde es versuchen."

Pedro legte die Hand auf seine Schulter.

Der Führer befahl ihnen, still zu sein. Noch fünf Minuten. Stockfinstere Nacht. Die Zeit wurde lastender, schwerer. Das Herz schlug heftig. Michael mußte auf die Zähne beißen, um den Atem anzuhalten. Noch drei Minuten. Valéry: Man muß versuchen zu leben. Nietzsche: Man muß gefährlich leben. Die

Bibel: Und du wirst das Leben wählen. Noch zwei Minuten. Wäre es möglich, alles rückgängig zu machen? Nein zu sagen? Zu spät. Schon in Paris war es zu spät. Schon in Tanger war es zu spät. Wäre er Pedro nicht begegnet ... Aber er war ihm begegnet. Pedro: der vollkommene Freund, der hellsichtige, in die Würde verliebte Mensch. Liebe und Tod. Freundschaft und Kindheit. Noch eine Minute. Der Führer hob die Schultern, ohne dabei den Körper von der feuchten Erde zu lösen. In der Ferne bellte ein Hund. Zarathustra: der Mensch ist ein über den Abgrund gespanntes Seil. Nein: der Mensch ist ein Seil zwischen Kindheit und Tod und somit über zwei Abgründe gespannt. Wenn die Kindheit den Tod eingeholt hat, verschwindet das Seil. Dreißig Sekunden. Fertig? Ein dumpfes Zischen. Jemand macht *Psss.* Dann noch einmal: *Psss.* Und ein drittes Mal: *Psss.* Das Zeichen. Vorwärts. Michael drückte rasch den Arm seines Freundes: der Abschied. Gott meiner Kindheit, zeige mir den Weg, der zu mir führt.

Jemand sprach ihn an. Eine menschliche traurige Stimme. Er unterschied nicht die Worte. Nebel erstickte sie. Er versuchte die Augen zu öffnen. Es gelang ihm nur mit großer Mühe, die ihm den Schweiß aus den Poren trieb. Pedro, verschwunden. Die Führer, verschwunden. Nur die Mauer ist da. Und die Stimme mit dem menschlichen, traurigen Tonfall.

„Kommen Sie näher. Ich weiß, daß es hart ist. Aber geben Sie nicht nach. Behutsam. Be-hut-sam. Das rechte Bein. Das linke. Machen Sie kehrt. So. Sehr schön. Noch mal. Gehen Sie weiter."

Der dritte Offizier war jung, sympathisch. Hinter seinem Tisch sitzend, beobachtete er ihn, und tiefes Mitleid spiegelte sich auf seinem mageren, gequälten Gesicht.

„Kommen Sie näher. Haben Sie keine Angst."

Ohne die Beine zu heben, glitt Michael auf ihn zu, was ein ungewohntes Geräusch verursachte. Er fühlte sich schwer, wie von einem Alptraum niedergedrückt.

„Setzen Sie sich", sagte der Offizier. „Ruhen Sie sich aus."

Als Michael sich setzen wollte, stieß er einen Schmerzensschrei aus: seine Knie knickten wie zwei trockene Stecken um.

Schließlich gelang es ihm, sich auf einen Schemel niederzulassen und die Beine ausgestreckt, fast waagrecht zu halten.

„Ich schätze meine Rolle nicht", vertraute der Offizier ihm an. „Ich eigne mich nicht für die Rolle des Kerkermeisters oder des Folterknechts. Ich schreibe, wie Sie. Ich habe in Budapest Philosophie studiert. Ich träumte davon, Dichter zu werden. Das Unaussprechliche auszusprechen. Selbst die Stille in Worte, in Musik zu übertragen. Dem Körperlosen einen Körper zu schenken. Den Augenblick zu erfassen, um ihn zu entkleiden, zu entblößen. Dem Menschen den Menschen zu erklären. Leider hat das Regime keine Verwendung für Dichter. Dagegen braucht es Kerkermeister, Folterknechte, die Singvögel züchten. Die Dichter drückt man an die Wand. Wollen Sie eine Zigarette?"

Mit trockener brennender Kehle schüttelte Michael nur den Kopf. Er sah sich lebendig im glühenden Wüstensand eingegraben, und nur sein Schädel ragte heraus, um in der Sonne zu schimmern.

„Es überrascht Sie, daß ich so spreche? Was wollen Sie? Auch mich belastet das Schweigen. Wem soll ich mich eröffnen, mich anvertrauen? Meinen Kollegen? Sie würden mich anzeigen. Nur hier, im ‚Tempel', im Herzen des Gefängnisses, fühle ich mich sicher und frei. Einer wie Sie versteht zu schweigen. Eines Tages werde ich ein langes Gedicht über die Gefangenen des Schweigens machen. Eines Tages ..."

Michael dachte: das ist eine Falle. Du willst mich durch Güte, durch Freundlichkeit fangen. Ich falle aber nicht darauf herein. Du bist gerissen. Du redest frei heraus, um mich sorglos zu machen. Herzlichen Dank; ich beiße nicht an. Ich nicht. Bald wirst du mir scheinbar harmlose Fragen stellen. Ob ich zum Beispiel die Werke von Petöfi Sàndor kenne. Ich antworte nicht. Die nächste Frage wird lauten: habe ich nicht meinen Freunden draußen etwas zu bestellen? Nein, ich habe nichts zu bestellen, ich habe keine Freunde draußen.

„Eines Tages", sagte der Offizier träumerisch, „werde ich einem Menschen wie Ihnen gegenübersitzen und mit ihm über Literatur und Kunst reden. Mißtrauen wird es zwischen uns nicht mehr geben. Der Abgrund wird überbrückt sein. Wir werden ohne Hintergedanken einander in die Augen sehen. Alles wird klar und offenherzig sein."

Michael dachte: rede nur, sprich weiter. Ich bin zwar einfältig, aber so einfältig auch wieder nicht. Was nicht hindert, daß du deine Rolle vorzüglich spielst. Deine Kollegen, die Rohlinge, die Zyniker, die „Bösen", haben dir die Wege geebnet: sie sind widerlich, aber ich bin gut, verständnisvoll, ich bin Ihr Freund. Alles, bloß das nicht. Das kommt bei mir nicht an. Ich kenne mich aus. Ich beiße nicht an.

„... Ich weiß, daß Sie mir mißtrauen. Ich kenne Ihre Gedanken. Ich bin es gewohnt. Saint-Exupéry spricht irgendwo von den verschiedenen Arten des Schweigens der Wüste und zählt sie auf. Er hätte sie mit dem Schweigen des Gefangenen vergleichen können. Ihre Zahl ist unendlich. Schweigen voller Zorn, Ruhe oder Haß; resigniert, vertrauensvoll, argwöhnisch, aufbegehrend, Verzweiflung und Spott; gedemütigtes, demütigendes Schweigen. Es gelingt mir, mich darin zurechtzufinden. Ich weiß nicht, was Sie denken, aber ich weiß, wie Sie denken: in Dur oder in Moll. Ich unterscheide den Tonfall, den Farbton, das Klima Ihrer Überlegungen. Gestehen Sie, daß Sie mir mißtrauen, daß ich Ihnen kein Vertrauen einflöße. Dennoch haben Sie unrecht. Sehen Sie: ich mißtraue Ihnen nicht."

Michael dachte: Nicht umsonst! Wir wollen die Rollen vertauschen. Der eine von uns ist Gefangener, der andere Kerkermeister. Mag ein Band zwischen uns bestehen, einverstanden. Wir gehören beide derselben Welt an und sprechen beide dieselbe Sprache. Deshalb brauchen wir aber noch lange nicht zu übertreiben. Wenn hier einer Gefahr läuft, für jedes Wort, das er ausspricht, bezahlen zu müssen, so bin ich es, so ist es mein Freund, aber nicht du. Drum scher dich. Rede dich dusselig. Leiere deine Rolle bis zum Ende herunter. Aber merke dir: ich bin kein Kind mehr. Mich nimmt man nicht so leicht auf den Arm. Ein Bonbon verdreht mir noch lange nicht den Kopf. Abgesehen davon, daß ich mir nichts aus Bonbons mache.

Der Offizier beugte sich vor, wie um mit seinem Körper jedes Wort zu betonen:

„Haben Sie Vertrauen zu mir, ich bitte Sie darum. Ich bin nicht Ihr Feind."

Michael dachte: das ist leicht gesagt. Du bist nicht mein Feind, aber du folterst mich. Mein Leiden ist an dich gekettet. Du hältst den Schraubstock in der Hand. Du drückst etwas mehr oder etwas weniger zu. Aber du bist nicht mein Feind. Daß ich nicht lache! Das ist wirklich zu komisch!

Plötzlich wurden Schritte im Gang hörbar, langsame, unerbittliche Schritte. Vor lauter Angst verlor der Offizier wie ein ertappter Dieb die Haltung.

„Stehen Sie auf!" flüsterte er ihm zu. „Rasch, rasch, sage ich! Sie bringen mich in des Teufels Küche! Stehen Sie auf! Los! Und zurück an die Wand! Los!"

Die Schritte im Gang hallten deutlicher. Das gehört zur Regie, dachte Michael, versuchte aber, aufzustehen, was ihm kläglich mißlang. Sein Körper verweigerte den Dienst. Seine Beine waren nicht mehr aus Holz, sondern aus Watte; sein Fleisch entwich nach allen Seiten. Er versuchte sich auf die Arme zu stützen, aber sie hatten keine Widerstandskraft mehr, sondern schienen einem Fremden zu gehören. Mit letzter Anstrengung gelang es ihm jedoch, sich vorwärts zu werfen. Dabei brach er zusammen. Der Offizier sprang auf und zerrte ihn an den Beinen bis zur Mauer. Dort ließ er ihn wie einen Mehlsack fallen.

In diesem Augenblick ging die Tür auf und ließ den Oberst eintreten. Der Offizier nahm Haltung an:

„Der Gefangene ist soeben ohnmächtig geworden. In dieser Sekunde."

„Sehen Sie zu, daß er zu sich kommt."

Der Offizier bückte sich und begann, das leblose Gesicht zu ohrfeigen. Michael gab kein Lebenszeichen von sich. Die Ohrfeigen hagelten heftiger. Ohne Erfolg.

„Der Idiot!" sagte der Oberst. „Den Mund halten und den Helden spielen, wenn man nichts zu sagen hat ... Was für ein Esel! Runter mit ihm, in eine der Zellen!"

Zwei Wärter packten Michael am Kopf und an den Beinen und schafften ihn hinaus. Der Oberst schneuzte sich geräuschlos, denn er wußte, was sich gehörte.

Letztes Gebet

Ein Mensch mit schmerzverzerrtem Gesichtsausdruck schüttelte ihn wild an den Schultern. Allmählich kam Michael zu sich. Ich lebe, mir tut es weh, mir ist übel.

„Hast du den Brief mitgebracht?"

Er öffnete halb die Augen:

„Wo bin ich?"

„Hast du mir den Brief gebracht?" wiederholte der Mann.

„Seit wann bist du hier?"

Er mußte erst das Zeitgefühl wiedergewinnen, sich wieder in die Zeit finden. Dann öffnete er die Augen ganz. Er lag auf dem Rücken. Über ihm eine Maske: die Maske eines Geiers, der ihn belauerte, der ihn an den Schultern hochzerrte, ihn fallen ließ, eines Geiers, der sich die Zeit vertrieb.

„Wo ist mein Brief?"

„Welcher Brief?" fragte Michael.

„Spiel bloß nicht den Dummen. Du weißt genau, welchen ich meine. Den, den ich erwarte. Den, der nie ankommt. Den, den man vor mir versteckt. Den man mir vorenthält. Wo ist er? Hast du ihn nicht!"

Michael verstand kein Wort von dem Gesagten. Er strengte sich an, seine Umwelt zu erkennen, sein Ich wiederzufinden, sich zurechtzufinden. Den Tempel, die Gebete, die Offiziere, die Mauer: seit wann hatte er sie verlassen?

„Hast du ihn nicht? Wirklich nicht?" fragte der Mann.

„Nein, ich habe ihn nicht."

Der andere erstarrte für einen Augenblick, wie um die Wahrhaftigkeit der Antwort zu prüfen. Dann erhob er sich mit einer müden, unbestimmten Gebärde und schleppte sich in seine Ecke zurück. Auf die Ellbogen gestützt, ließ Michael den Blick durch die Zelle gleiten: sie waren zu viert. Alle waren schmutzig, seit Wochen unrasiert. Jeder bewohnte eine Ecke. Er lag neben der Tür, demjenigen gegenüber, der ihn an den

Schultern geschüttelt hatte. Am Fenster murmelte ein bildschöner Jude mit dem ergreifenden Antlitz eines byzantinischen Christus Gebete. Vor ihm stand ein junger Mann, fast noch ein Kind, und blickte mit gesammelter und zugleich abwesender Miene vor sich hin. Michael wandte sich an den Juden:

„Seit wann bin ich hier?"

„Seit einigen Tagen."

„Sind Sie sicher?"

„Soweit man das sein kann."

Michael seufzte:

„Ich habe ihn gerettet ..."

„Wen?" wollte der Jude wissen.

„Einen Freund ..."

Er sah Pedro schon über alle Berge, in Österreich. Vielleicht schon in Paris. Oder gar in Tanger, im „Schwarzen Kater". Er war sicherlich am Treffpunkt erschienen, hatte etwas, vermutlich eine Stunde, gewartet. Dann hatte er begriffen und war abgezogen.

„Sie sind glücklich", sagte der Jude.

„Woran sehen Sie das?"

„An Ihren Augen: sie brennen von heiligem Feuer."

Michael runzelte die Stirn und sagte nichts. Der andere fuhr fort:

„Bewahren Sie sich den Geschmack des Glücks im Munde, bewahren Sie sich das Bild eines geretteten Freundes in Ihrem Blick. Klammern Sie sich an beides. Es wird Ihnen nützlich sein. Es wird Ihnen helfen, nicht zu kapitulieren."

Michael verspürte Lust zu fragen: „Vor wem?" Aber der andere ließ ihm keine Zeit zu dieser Frage. Schon fügte er hinzu:

„Um nicht vor dem Verfall der Vernunft, Ihrer Person, Ihrer Seele zu kapitulieren. Mit einem Wort: vor dem Wahnsinn."

Der Jude setzte sich mit dem Rücken zur Wand neben ihn und stellte sich vor: „Menachem. Ich stamme aus Marmaroszighet. Und Sie?" – „Michael, geboren in Szerencsevàros." – „Hier?" – „Ja, hier. So etwas kommt vor: man kehrt heim, man glaubt die Tür zum Elternhaus zu öffnen und betritt die Zelle eines Gefängnisses."

„Sind Sie schuldig?“

„Von was?“

„Von irgend etwas. Ich hoffe, Sie sind es. Für die Unschuldigen ist es viel härter.“

Argwöhnisch geworden, ließ Michael die Frage unbeantwortet.

„Hat man Sie das Gebet sprechen lassen?“ erkundigte sich Menachem.

„Ja.“

„Wie lange?“

„Ich erinnere mich nicht. Ich glaube, dreimal acht Stunden, vielleicht etwas weniger. Ich erinnere mich, die Stimmen von drei Instruktionsoffizieren gehört zu haben.“

Menachems Blick wurde plötzlich durchdringend, gesammelt:

„Und die Gottes?“

Michael verstand nicht: „Die Gottes? Was wollen Sie damit sagen?“

„Die Stimme Gottes, haben Sie diese nicht gehört?“

Das beschattete Gesicht Menachems atmete Güte, Wärme. Gekleidet wie ein Bettler, abgerissen und barfuß, glich er einem jener Heiligen, die die Verbannung wählen, um die Seele durch die Loslösung vom Irdischen zu läutern.

„Nein“, sagte Michael. „Sie hat mich nicht erreicht. Vermutlich waren die Mauern zu dick.“

Menachem zuckte nachdenklich die Achseln: „Ich verstehe. Bisweilen sind die Mauern zu dick. Aber die, die Sie mit den eigenen Händen errichtet haben.“ –

„Ich habe seine Stimme gehört“, sagte er. „Sie stellte mir Fragen und lieferte mir Antworten. Dank ihrer habe ich widerstanden, ich war nicht allein.“

„Ich auch nicht“, warf Michael hin.

Menachem hörte auf, mit den Achseln zu zucken. Sein Blick wurde starr wie der eines Besessenen und füllte sich mit Erwartung.

„Mein Freund hat mir Gesellschaft geleistet“, sagte Michael. „Nicht Gott: mein Freund. Sagen Sie mir nicht, daß Gott ihn geschickt hat.“

„Ich sage es nicht. Gott schickt niemanden ins Gefängnis: er geht selber hin."

„Vielleicht war er an jenem Tag zu beschäftigt", spottete Michael. „Zweifellos mußte er andere Zellen besuchen."

Das Gesicht des Juden erglühte. Brennendes, schmerzhaftes Leiden stand darin zu lesen. Er biß sich auf die geschwollenen Lippen. Er suchte das richtige Wort.

„Lästern Sie nicht Gott", sagte er singend. „Nicht alles ist Wahnsinn. Gott ist nicht Wahnsinn. Was wissen wir von Gott und dem Wahnsinn? Oder vom Urbeginn der Schöpfung? Unsere Kenntnis ist beschränkt, negativ. Als Gott Hiob fragte: ‚Wo warst du, als ich Himmel und Erde gemacht habe?', wußte Hiob nicht, was er antworten sollte. Er ergab sich. Richtiger gesagt: er legte seine Vernunft in Gottes Hände zurück, damit der Widerschein sich wieder mit seiner Lichtquelle vereinige. Vertrauen Sie daher Ihre Intelligenz Gott an: Er wird sie Ihnen unbeschadet, wenn nicht reiner, tiefer zurückgeben."

Menachem verstummte. Dicke durchsichtige Tränen rannen über sein Gesicht. Die letzte Tür, die sich im Himmel schließt, die allerletzte, ist die der Tränen. Michael dachte an den Rabbi, der einst an einem Festtag mit erhobenem Kelch ausgerufen hatte: „Gott ist die Freude!" und dabei in Tränen ausgebrochen war. Gott ist die Freude, und Menachem vergoß kristallklare Tränen!

„Warum weinen Sie?" fragte Michael sanft.

„Diese Prüfungen müssen einen Sinn haben. Aber mitunter sind sie so hart, daß ihr Sinn uns entgleitet. Dann frage ich mich: warum will Gott so sehr, daß wir auf dem härtesten Weg zu Ihm kommen?"

„Warum, Menachem? Wissen Sie es?"

„Leider nicht."

„Also?"

„Ich sage zu Gott: was willst du von mir? Ich bin schwach, klein und verletzlich. Du bist groß, mächtig, unüberwindlich. Du stellst mir eine Frage. Ziehe sie zurück. Ich kann nicht darauf antworten. Ich kann nur weinen. Du hast mich nur weinen gelehrt."

Er hob den Kopf, senkte aber die Stimme:

„Beten Sie, Michael. Das ist Ihre einzige Chance. Beten Sie zu Gott, er möge Ihnen die Quelle der Tränen auftun."

Michael schüttelte den Kopf.

„Nie und nimmer."

Menachem stieß einen Seufzer uralter Traurigkeit aus:

„Dann gehen Sie Ihrem Untergang entgegen."

„Möglich. Aber ich ziehe vor, lachend unterzugehen."

„Lachend?"

Regungslos musterte Menachem ihn einen Augenblick, dann ging er wieder in seine Ecke unter dem Fenster zurück und begann zu beten. Nach einiger Zeit brach er ab und wandte sich im Tonfall des Gebets wiederum an Michael:

„Die Toten, Michael, sind ein zweischneidiges Schwert. Dem einen bringen sie das Licht, dem anderen entziehen sie es. Die einen führen sie zum Heil, die anderen zum Untergang. Durch das Wort hat Gott die Welt geschaffen, durch das Wort vernichtet sie der Mensch. Im Wort ist Geheimnis, Michael. Wir wissen nicht, warum oder wie wir bestimmte Dinge sagen, bestimmte Bilder auf bestimmte Weise ausdrücken. Wir schöpfen die Worte im dunkelsten Bereich unseres Seins. Was ein Wort an das andere bindet, ist nicht weniger geheimnisvoll, als was ein menschliches Wesen an ein anderes fesselt. Dieses vermag sein Leiden auf zehn verschiedene Arten wiederzugeben. Die gesamte Erfahrung seines Bewußtseins, die gesamte Erfahrung seiner Ahnen helfen ihm, seine Wahl zu treffen. Tausend Generationen kommen ihm jedes Mal zu Hilfe, wenn er den Bruchteil einer Sekunde zögert, ob er sagen soll: ‚Das Kind schauderte' oder ‚das Kind zitterte'. Es bedarf großen Muts, Michael, großen Muts, um auf dieses Abenteuer zu verzichten, die Gebete, so wie sie sind, hinzunehmen und sie Tag für Tag zu sprechen. Haben Sie diesen Mut. Sonst werden Sie nicht widerstehen. Schauen Sie sich unsere beiden Kameraden an: sie haben nicht widerstanden."

Der Schweigsame starrte ins Leere. Der andere kramte in seinen Taschen nach einem angeblichen Brief.

Michael fragte sich: ist Menachem auch verrückt? Es gibt die Gottestrunkenen wie Spinoza. Und Menachem? Trunken ist er nicht. Aber verrückt? Warum nicht? Worin ist Menachem anders? ‚Gott ist nicht Wahnsinn', hatte er behauptet. Wer weiß? Und wenn er es schließlich doch wäre? Das würde viel erklären.

„Hör zu, Pedro. Hör mich an."
„Ich höre zu", sagte er mit seinem klugen Lächeln.
„Ich muß dir erzählen, was sich zugetragen hat. Ich muß es einfach."
„Erzähle."
Er neigt den Kopf nach rechts, wie er es stets tut, wenn er zuhört. Er raucht nicht. Wo ist seine Pfeife? Vermutlich oben. Dabei, ihr Gebet zu sprechen. Auch die Pfeifen haben Richter, Folterknechte, Freunde, Götter und Teufel. Pedro ohne Pfeife sieht anders aus: die Arme fehlen. Sehen ihn die anderen Zelleninsassen? Sicherlich nicht. Ja, sie tun so, als sähen sie ihn nicht. Menachem betet und neigt dabei den Oberkörper vorwärts und rückwärts. Der Schweigsame trinkt noch immer mit halbgeöffnetem Mund die Leere. Der Dritte, der mir gegenüber wohnt, kramt auf allen vieren nach seinem Brief. Pedro sieht sie vielleicht, tut aber so, als nehme er ihre Gegenwart nicht wahr. Und ich? Sehe ich etwa Pedro? Sehe ich ihn wirklich? Ist es Pedro? Pedro, bist du es? Bist du da?
„Gewiß. Wo soll ich denn sonst sein?"
„Hörst du mich?"
„Gewiß."
„Morgens sind wir angekommen, Miklos und ich."

Morgens sind wir angekommen. Der Wagen hat uns am Eingang der Stadt abgesetzt. Miklos hat mir Geld gegeben und gesagt, jetzt müßten sich unsere Wege trennen. Zwei Fremde zusammen würden sicherlich die Aufmerksamkeit auf sich lenken. Treffpunkt in drei Tagen, vor dem Friedhof.

Es war morgens, ein Herbstmorgen. Es war schön. Eine gelbliche, gealterte, verbrauchte Sonne ging behutsam am grauen Himmel auf. Gelb Büsche und Bäume, gelb die Mauern der Häuser, gelb das welke Laub; gelb, traurig, mutlos Männer und Frauen, die zur Arbeit gingen.

Ich betrachtete die Augen der Leute, denen ich begegnete:

würde ich jemanden erkennen? Einen Freund, einen Feind? Nie gesehen. Unbekannte. Furcht befiel mich: bin ich wirklich in Szerencsevàros, in der Stadt, die meine Geburt erlebt hat? Ich kenne diese Häuser, ich finde die Farbe des Himmels wieder, blaugrün am Horizont über den blassen Bergen. Aber die Einwohner kenne ich nicht wieder. Fremd in der eigenen Stadt, in der ich meine Mutter zum erstenmal gesehen habe – wo ich zum erstenmal das Gesetz der Schwerkraft entdeckt habe.

Mama hatte mich auf den Arm genommen und spielte mit mir vor dem Spiegel. Ich brauchte eine gute Stunde, bevor ich wahrnahm, daß das Bild auf der anderen Seite ich war. Ich brach in Tränen aus: ich hatte mich selbst verlassen! Dann begriff ich, daß der andere auch eine Mama hatte. Ich begann zu lachen: die Freude, nicht allein zu sein, jemandem anzugehören, mit jemandem verbunden zu sein, der vor mir gelebt hatte und außerhalb von mir lebte.

Nun bin ich allein. Mama ist nicht mehr. Der Spiegel beherbergte andere Besucher: er selbst würde mich zurückweisen, mich verleugnen.

Plötzlich fiel mir eine längst vergessene Begebenheit ein. Ich war etwa neun Jahre alt. Der Vater kam von der Reise zurück. Ein winterlicher Spätnachmittag. Er zog seinen Mantel mit dem Pelzkragen aus, gab mir seine von der Reise mitgebrachten Geschenke und schloß sich mit Mama ins Schlafzimmer ein. Ich war unglücklich. Sie schlossen mich aus. Zum Trotz verließ ich das Haus und lief auf die Straße hinaus, in den Schnee. Ich wünschte mir den Tod. Ich wünschte ihnen meinen Tod. Am selben Abend wurde ich krank. Lungenentzündung. Vierzig Grad Fieber. Drei Tage lang schwebte ich zwischen Leben und Tod. Vater und Mutter wichen nicht von meinem Bett. Sie gingen nicht einmal mehr einkaufen. Sie schlossen sich auch nicht mehr in ihr Schlafzimmer ein.

Versuchte ich deshalb, wiederzukommen? Um meine Erinnerungen, meine Kindheit wiederzufinden? Meine ersten Enttäuschungen, meine ersten Ängste, meine erste Sehnsucht nicht mehr zu sein?

Ich bog in die *Kamàr utca* ein. Mein Vetter wohnte gegenüber der Kaserne. Von Zeit zu Zeit besuchte ich ihn mit Mama. Ich hatte Angst vor der Kaserne: dort verbringt man zwei Jahre, zwei Jahre fern von den Freunden, getrennt von den Eltern. Hab keine Angst, mein Sohn, sagte Mama. Der Messias kommt, bevor du dienstpflichtig wirst. Schön, der Messias ist nicht gekommen. Ich habe das dienstpflichtige Alter erreicht, aber trotzdem nie den Fuß in die Kaserne gesetzt.

Mama glaubte fest an die Heraufkunft des Messias. Oft erzählte sie mir, der berühmte Rabbi Mosche d'Uhel gehe nie zu Bett, ohne vorher seinen Festanzug herausgelegt zu haben. Falls er nachts geweckt würde, um den Erlöser zu empfangen, würde er auf diese Weise keine Zeit verlieren, um sein Festgewand anzuziehen. Der Rabbi ist tot, Mama ist tot, und der Messias ist nicht gekommen.

Ich gehe an der Villa Gabriel vorbei. Ich erinnere mich an Gabriel. Eine beunruhigende Gestalt von distinguiertem, elegantem Auftreten, ein Mann, der immer leicht verächtlich tat und sich mit einem Ebenholzstock mit silbernem Knauf erging. Die Juden grüßten ihn nicht, sondern verließen eher den Gehsteig, als ihn zu streifen. Sie schienen vor der Berührung mit ihm zurückzuschrecken, als sei er ansteckend. Er war ein Abtrünniger. In eine junge Ungarin verliebt, war er zum katholischen Glauben übergetreten und hatte diese geheiratet. Daraufhin sprach kein Jude mehr ein Wort mit ihm. Später wurde er Witwer und Einzelgänger. Der schwarzgekleidete, beleibte Pfarrer war sein einziger Verkehr. Die anderen Christen, die wahren und die anderen, als Christen Geborene, hatten ihn nicht aufgenommen; in ihren Augen war und blieb er ein Außenstehender, ein Eindringling, der Jude, der sein Volk nicht aus Wahrheitsliebe, sondern einfach aus Liebe verleugnet hatte – ein völlig unzulänglicher Grund. Dagegen bewies der Priester mehr Nächstenliebe. Er besuchte Gabriels Villa oft, denn dort aß man gut.

Gabriel, der Renegat, und der Pfarrer mit dem lasterhaften Mund. Was mochten die beiden an den langen Winterabenden, an den endlos langen Winterabenden, wenn der Bergwind heulte wie tausend Hunde angesichts des Todes, einander erzählen? Sprachen sie über die Religion von Moses, von Jesus und ihrem geraubten und vergeudeten Erbe? Waren sie aufrichtig miteinander? Sagten sie sich alles, wahrhaft alles?

Eines Tages kehrte Gabriel zu seinem Volk zurück: aufrecht wie immer, elegant, voller Vornehmheit, erschien er im Getto, eine Lederschürze, sein ganzes Gepäck, in der Hand. Das war alles, was ihm von seiner Villa, von seinem Vermögen, übriggeblieben war. Ein jüdischer Beamter fragte ihn: „Hat man Sie gezwungen, Ihre Wohnung zu verlassen?" Gabriel errötete und schwieg. Er war freiwillig gekommen, um das Los seiner Brüder zu teilen – die ausspuckten, wenn sie ihm begegneten.

Augenblicklich ist die Villa von der Geheimpolizei besetzt – ich erfuhr es kurz darauf –, die dort ihre Büros, ihre Altäre eingerichtet hat.

Ich gehe die *Kamàr utca* entlang. An der Ecke mit der *Kigyó utca* muß unser Haus stehen. Richtiger gesagt: mein Haus. Richtiger gesagt: das Haus. Das Blut pocht in meinen Schläfen. Mein Kopf ist eine Trommel: tausend und ein Geräusch dröhnen darin, die Nummer 27, dann 23, 21, 19. Gegenüber wohnte der Rabbi, jetzt beherbergt das Haus eine Schwadron Kavallerie.

Kamàr utca, Nummer 17. Hier war mein Haus, meine Zuflucht. Das Haus steht noch immer, ist aber keine Zuflucht mehr. Und doch hat sich von außen nichts verändert.

Hier ist auch der Laden. Schon geöffnet. Vater öffnete früh. Mechanisch steige ich die zwei Stufen hinauf und trete ein. Niemand. Ich höre Schritte im angrenzenden Zimmer. Plötzlich packt mich eine riesige, unbegreifliche, schwarze Angst: Vaters Schritte! Was würde ich tun, wenn er es wäre? Mir geht die Luft aus. Der Atem stockt mir.

Vater ist tot, Pedro. Ich habe ihn sterben sehen. Ich habe ihn bis zum Ende begleitet. Oder fast. Bis zur Schwelle. Gleichviel: wenn es nur ein Traum wäre? Wenn er nur so getan hätte, als stürbe er? Nur so getan, als ginge er fort? Wenn er nur in meinem Traum gestorben wäre? Wenn er es wäre, der näher kommt? Ich war wie versteinert vor Entsetzen.
Pedro neigte sich vor, fast zerbrach er dabei:

„Bist du deshalb zurückgekommen? Um dich davon zu überzeugen, daß dein Vater wirklich tot ist?“
Ich überhörte seine Frage. Ich fahre fort.

Ein Fünfzigjähriger erschien. Er war nicht erstaunt, mich zu sehen, und fragte nur nach meinem Wunsch. Ich antwortete nicht sofort. War das mein Vater? War das die Stimme meines Vaters? Ein fremdes Gesicht, eine fremde Stimme. Und doch war ich nicht ganz sicher, nicht ganz überzeugt, nicht unbedingt sicher und überzeugt. Vater konnte sich verändert haben. Ich konnte mich verändert haben: meine Augen und meine Ohren konnten sich verändert haben. Und wenn ich vergessen hatte, wie er aussah?

Diese Angst war nicht neu. Ich erinnere mich noch: ich war zum Bahnhof gegangen, um Vater abzuholen, der von Budapest kam, wo er unter der Anklage, polnischen Juden, die den Deutschen entwischt waren, falsche Kennkarten verschafft zu haben, zehn Wochen Gefängnis abgesessen hatte. Mama hatte im Laden bleiben müssen und mich geschickt, Vater abzuholen. Hinter einer schwarzen Rauchwolke stampfte die Lokomotive atemlos in den Bahnhof ein. Ich würde meinen Vater wiedersehen, aber eine kindische Unrast befiel mich: würde ich ihn erkennen? War er dem Bild, das ich von ihm bewahrt hatte, treu geblieben? Was ist ein Bild? Eine Illusion. Daher die schreckliche Angst, ich könne ahnungslos an ihm vorbeigehen.

Der gute Mann trocknete die ölbeschmierten Hände an seiner grauen Weste ab und sah mich durch seine dicken Gläser verschlafen an: „Was darf's sein, *fiatal ur*?“

Eine gute Weile rührte ich mich nicht. Ich musterte ihn genau: Vater hatte keine Brille. Und doch drang seine Stimme wie unter dem Ladentisch aus einem Geheimfach zu mir:

„Was tust du hier? Du bist noch zu klein, um dich im Laden herumzutreiben.“

Die Mama:

„Laß das Kind in Ruhe. Er soll bleiben. Mach dir keine Sorgen, er wird nie Kaufmann werden.“

Der Vater: „Er wird ein Philosoph werden."

Und die Mutter: „Nein, Rabbi."

Ihr ewiger Streit, der sie zum Lachen brachte. Lacht, das ist euer gutes Recht, eure Pflicht: ich bin weder das eine noch das andere. Ich bin ein heimlicher Reisender, der in seine Geburtsstadt zurückgekehrt ist, ohne recht zu wissen, warum.

„Was darf es denn sein, *fiatal ur*?" wiederholte der gute Mann, der mit dem Schlaf kämpfte.

„Eine Kerze", stammelte ich.

Mehr war mir nicht eingefallen.

„Eine Kerze? So früh am Morgen?" lächelte der Kaufmann.

„Ich sehe nicht klar", antwortete ich mit einer törichten Grimasse.

Später, beim Verhör, kam ich in Verlegenheit, als ich den Besitz der Kerze erklären sollte. Zunächst vermutete der Oberst, ich habe darin Mikrofilme und Militärgeheimnisse befördert. Daher schickte er sie unverzüglich zum Polizeilaboratorium, wo man offensichtlich nur feststellen konnte, daß es sich um eine völlig harmlose Kerze von obendrein mittelmäßiger Güte handelte.

„Wie drollig Sie sind!" warf der Kaufmann hin. „Sie sehen nicht klar ... Sehr gut gesagt. Ha, ha, ha."

Plötzlich, als ich sein schmieriges Lachen sah, verspürte ich Lust, alles auf eine Karte zu setzen. Und ihm zu sagen: „Ich bin Michael. Das ist mein Laden. Das ist mein Haus." Nur diese paar Worte. Um sein Gesicht zu sehen. Seinen Blick einzufangen. Die Folgen waren mir gleichgültig. Zum Teufel mit allem anderen. Zumindest wäre ich kein Fremder im eigenen Hause gewesen. Dieses Bedürfnis dauerte jedoch nur einen Augenblick. Ich faßte mich, zahlte, grüßte und verließ den Ort in dem endgültigen Bewußtsein, daß es diesmal für immer sein würde.

Dann, der Stadtmitte zustrebend, fragte ich mich: wozu bin ich eigentlich gekommen? Nur um dem Kaufmann einen Besuch abzustatten? Oder den Gespenstern? Nur um dem Laden und der Erinnerung, die ihn bewohnte, Lebewohl, endgültig Lebewohl zu sagen?

Es war Markttag. Die Straßen wimmelten von Bauern in ihren bunten Trachten, die aus den umliegenden Dörfern gekommen waren. Alle sprachen laut, gestikulierten, feilschten. Ich brannte vor Verlangen, ein vertrautes Gesicht, eine einst vernommene Stimme zu hören: nichts.

Hier, genau gegenüber der Kirche, ist der Metzgerladen. In meiner Erinnerung ist der Metzger ein breitschultriger Mann von rohen Kräften, die er beim Ausnehmen der Tiere erworben hat. Verstohlen schaute ich ihm durch das Ladenfenster zu. Er steht inmitten von Fleischstücken, die an Haken von der Wand hängen, und sieht nicht weniger rot aus als diese. Ist er es? Etwas gealtert zwar, aber ist er's? Wer altert nicht?

Drei in ihre Witwenschals gehüllte alte Frauen drückten das Türchen zur Kirche auf, deren Fassade sich im Schaufenster des Metzgers spiegelt, und traten ein. Man hätte meinen können, sie beträten den Fleischerladen, der in diesem Augenblick mit furchterregend aufgerissenem Rachen gähnte.

Wozu war ich hergekommen? Welchem Ruf war ich gefolgt? Natürlich war es zunächst Neugierde gewesen: ich wollte rückwärts blicken. Lots Weib war menschlicher gewesen als ihr Mann. Auch sie wollte das Bild ihrer Heimatstadt – die unabhängig von ihr lebte und starb – mitnehmen. Fraglos war davon etwas in meinem Bedürfnis, zurückgekehrt zu sein. Sonst nichts? Sollte das alles sein? Unmöglich, dies zuzugeben. Wenn es so gewesen wäre, hätte ich gefühlt: ich bin befriedigt. Ich wollte die Stadt wiedersehen: ich habe sie gesehen. Den Laden: ich war drin gewesen. Die Leute: hier sind sie, vor meinen Augen. Und doch hatte ich die Gewißheit, nichts Wesentliches vollbracht zu haben.

Mit einemmal begriff ich, daß unter allen Gründen, die meine Rückkehr veranlaßt hatten, dieser an ein bestimmtes Ziel, an eine deutliche Idee geknüpft war. Ich suchte etwas, wußte aber nicht, was; ich suchte jemanden, wußte aber nicht, wen.

Ich verließ die Metzgerei und schlenderte von neuem umher. Vielleicht würden mir ein Stein, eine Inschrift, irgendeine Bewegung zu Hilfe kommen.

Das Haus Kalmans des Kabbalisten. Nein, Kalman ist tot; Hersch-Leib und Menasche desgleichen. Der *Talmud Thora.*

Jetzt Staatliches Kaufhaus, vor dem die Bauern Schlange stehen. Dort wird nicht mehr das Wort Gottes verteilt, sondern Öl, Mehl, Zahnpasta. Jetzt herrschen die Kaufleute im Tempel, sie haben die Rabbis vertrieben.

Ich kehre in die *Szinhàz utca* zurück. Dort wohnte ein Freund von mir, Janku, ein Rotfuchs, der besessen war von der Idee, die Toten zum Sprechen zu bringen. Nach jeder Beerdigung stürzte er zum Friedhof, zündete eine Kerze auf dem noch frischen Grab an und sprach Formeln, die er in einem alten Buch gelesen hatte. Obwohl ich seinen Mut bewunderte, weigerte ich mich, mitzugehen. „Die Toten wissen die Wahrheit", sagte er. „Sicher", erwiderte ich, „aber eine Wahrheit der Toten." Janku unterbrach seine nächtlichen Ausflüge erst an dem Abend, als er versehentlich auf dem Friedhof einen Brand entfachte. „Das ist ihr Werk", erklärte er. „Sie behüten eifersüchtig ihr Geheimnis."

Einige Häuser weiter wohnte Todor, der Freund meines Vaters, einer der Honoratioren des Städtchens. Ob ich ihn sofort besuchen sollte? Noch nicht. Später. Ich würde sprechen, zuhören, erklären, unsere Vergangenheit bedauern müssen. Dergleichen fühlte ich mich nicht gewachsen. Abends würde mir so etwas sicherlich leichter fallen.

Ich schnitt die *Zsidó utca* und überquerte die Hauptstraße – auch Korso genannt. Hier flanierten samstags nachmittags Mädchen und Jungen in getrennten Gruppen und warfen einander schüchterne und zugleich verständnisinnige Blicke zu. Ich ging am Gemeindegefängnis vorbei und erwartete, auf das erhabene Gebäude der großen Synagoge, die größte, die älteste der Stadt, zu stoßen.

Von der Stelle aus, an der ich mich befand, hätte ich sie bereits sehen müssen; aber mein Blick fiel ins Leere. Klopfenden Herzens beschleunigte ich den Schritt. Ich schlich dicht an den Hauswänden entlang, um mein Blickfeld zu erweitern. Keine Synagoge in Sicht. Von Unruhe gepackt, begann ich zu laufen. Nur eine Minute. Jäh blieb ich stehen, als hätte man mir die Beine abgehackt. Keine Spur von einer Synagoge. Mit aufgerissenen Augen ließ ich den Blick über den Ort kreisen. Ein neues Gebäude nahm die Stelle des Gebetshauses ein, ein moderner, dreistöckiger Bau, in dessen Hof drei Wagen parkten. Später erfuhr ich aus dem Mund des Obersten, daß die Deutschen vor ihrem Abzug die Synagoge in Brand gesteckt hatten. Zwanzig Tage lang hatte der Rauch über den Ruinen geschwelt und so einen seltsamen weißen Heiligenschein um sie gewunden. Man hätte meinen können, Gebete und Seelen seien zum Himmel aufgestiegen, den heiligen Ort mit Heimweh verlassend.

Eine Stunde lang umstrich ich das Gebäude, von Kummer überwältigt, das Herz schwer von Erinnerung. An einem Jom-Kippur-Abend hatte sich der verrückte Moische vor der Bundeslade an einen Stuhl binden lassen. Kerzengerade blickte er vor sich hin und schrie: „Schlage mich, Gott! Schlag mich, soviel du willst! Sieh, ich verteidige mich nicht! Ich bin gefesselt, drum schlag zu, wenn es dir Spaß macht, wenn es dir Ehre macht!" Die Leute ringsum lachten und sagten: „Deine Betrunkenheit leistet dir auch an Jom Kippur Gesellschaft, Moische!" An jenem Abend war er jedoch nicht betrunken.

Kaskadengleich stürzten die Erinnerungen auf mich ein. Wieviel Legenden hatten diese alte Synagoge umkreist!

Abends spielten die Kinder Fangen um sie. Um Mitternacht – hieß es – kamen die Toten und beteten in ihr. Wenn sie jemanden auf der Straße erblickten, riefen sie ihn beim Namen, damit er ihnen aus der Thora vorläse. Man hatte nicht das Recht, sich dieser Aufgabe zu entziehen. Eines Nachts hörte ein Jude auf dem Nachhauseweg eine Stimme im Innern des Gotteshauses: „Steh auf, Jizschak, Sohn Abrahams." So hieß er. Er bekam es mit der Angst und lief entsetzt zum Rabbi, der im Nebenhaus wohnte, um Rat und Beistand. Dieser sagte zu ihm: „Wenn man dich ruft, mußt du hingehen. Du darfst die Toten doch nicht kränken." Trotzdem gab er ihm zum Schutz seinen Stock in die eine Hand und sein Kultmesser in die andere mit. „Tu, was ich dir sage, so wird dir nichts zustoßen. Geh rückwärts, mit geschlossenen Augen, hinein, steige auf das Podium, wo die Thora gelesen wird, sprich dein Gebet und geh nach beendeter Lesung langsam, sehr langsam fort." Der Jude befolgte die Anweisung des Rabbi und blieb am Leben. Als er hinaustrat, fand er frisches Blut an dem Messer. „Weil du zitterst", erklärte ihm der Rabbi. „Weil du gezittert hast, hast du ihnen Schande gemacht. Wer Schande bereitet, vergießt Blut."

Ich hatte nur selten in der großen Synagoge gebetet. Ich zog die des Rabbi von Borsche, unserem Haus gegenüber, vor. Immerhin ging ich wie jedermann zweimal im Jahr, am Schabbat nach Neujahr und am Schabbat vor Ostern, hin, um den Vortrag des Großrabbiners zu hören. Dieser war ein junger, schöner, kraftvoll gebauter, starker und strenger Mann, der im Leiden der Juden eine Strafe Gottes sah: das war sein Lieblingsthema. Gott straft die Juden, weil er sie liebt, weil er sie rein und gerecht machen will. Unter den Zuhörern nickten die Männer beifällig mit dem Kopf, während auf der Empore der Frauen von den ersten Worten an Schluchzen zu hören war. Meist verstanden sie kein Wort von dem, was der Rabbi zu sagen hatte, was sie indes nicht davon abhielt, vernehmlich schneuzend Tränen zu vergießen.

Indes war der echte „Tränenlocker" nicht etwa der Großrabbi, sondern eine jammervolle Gestalt von ärmlichem, wildem Aussehen, den man nach einem wenige Kilometer von Szerencsevàros entfernten Dörfchen den Rabbi von Csàrda nannte. „Überall nennt man ihn den Rabbi von Csàrda, nur nicht in Csàrda", hörte man immer wieder sagen.

Während der hohen Feiertage entdeckte er stets eine kleine Synagoge, in der er als „Gemeindebote" beim Herrn amtierte. Er hatte keine schöne Stimme, aber ein gebrochenes Herz, was wichtiger und seltener ist. Die Frauen hörten ihm hingerissen zu, denn er gebrauchte eine schlichte, allgemein verständliche Bildsprache – und schon strömten unerschöpflich die Tränen.

Das letzte Mal, als ich ihn sah, war er nicht mehr der gleiche. Bartlos vermittelte er nicht mehr den Eindruck, wie eine Gestalt Chagalls in der Luft zu gehen. Er brauchte nicht mehr zu predigen, um der Gemeinde Tränen zu entlocken. Es genügte, ihn anzusehen, und schon bekam man feuchte Augen.

Das geschah hier, in der alten Synagoge. Ja, jetzt erinnere ich mich. Es war an einem Schabbat. Die Polizei hatte hier alle Juden der Stadt zusammengetrieben. Die Stätte des Gebets und der Sammlung war ein Bahnhof geworden, wo man sich trennte und Abschied nahm. Es war der letzte Aufenthalt, bevor man den Todeszug bestieg.

Plötzlich stieg ein Bild vor mir auf, mit einer Heftigkeit, die mich schwindelig machte.

Das Fenster, die Vorhänge, das Gesicht: im Haus gegenüber. Ein Frühlingstag, sonnenbeglänzt, Tag der Strafe, Tag der Spaltung zwischen Gut und Böse. Hier die Männer und Frauen unter dem Joch der Angst: dort ein Gesicht, das beobachtete.

Endlich! Plötzlich ist alles geklärt und offenbar. Endlich weiß ich den Grund, den wahren Grund, der alle anderen nach sich zog. Erleichtert seufzte ich auf. Gehörten meine Handlungen, meine Wünsche somit einer Logik, die ihnen innewohnte? Was tut's, wenn die Nacht wiederkehrt: sie wird nicht mehr dieselbe sein.

„Hörst du zu, Pedro?“
„Ich höre, kleiner Bruder.“
„Verstehst du mich, Pedro?“
„Ich höre dich und verstehe dich. Ich höre dich, selbst wenn ich dich nicht verstehe; ich verstehe dich, selbst wenn ich dich nicht höre.“
Du verstehst, daß ich verstehen mußte? Die anderen – den anderen – verstehen, die, die uns dem Unbekannten entgegengehen sahen, die, die uns untätig beobachteten, als wir Gegenstände aus lebendigem Holz und numerierte Opfer wurden? Pedro neigte den Kopf noch tiefer, bereuend und mit der Bitte um Verzeihung. Menachem betete mit geschlossenen Augen. Der Schweigsame starrte ins Leere. Der Dritte suchte die Zellendecke nach seinem Brief ab.

Seit dem Kriege wollte ich vor allem das verstehen. Nichts anderes. Wie man gleichgültig bleiben konnte. Die Mörder verstand ich; die Opfer auch, obwohl weniger leicht. Aber die anderen, alle anderen, diejenigen, die weder dafür noch dagegen waren, diejenigen, die sich in untätiger Erwartung wiegten, diejenigen, die sich sagten: ‚Das Gewitter wird sich verziehen, und alles wird wieder in Ordnung kommen‘, diejenigen, die sich über die große Masse erhoben, die die Haltung des Zeugen einnahmen – sie waren mir unzugänglich, unverständlich geblieben.

Und wie es oft vorkommt, sah ich alle diese Neutralen in den Zügen eines einzigen Gesichts: dem *Zeugen* gegenüber der Synagoge. Die anderen waren nur sein Widerschein, Abbilder.

Seinethalben habe ich mein Leben gewagt – das deine auch, Pedro, ich weiß – und bin zurückgekehrt.

Ich sehe ihn noch an jenem Samstag. Die Juden füllten den Hof der Synagoge. Sie trugen auf den Schultern, was sie von einem ganzen Leben der Arbeit tragen konnten. Rucksäcke, in die Greise ihre Vergangenheit, Kinder ihre Zukunft, Rabbiner ihren Glauben und die Kranken ihre Müdigkeit gepackt hatten. Der ewige Jude, den Verbannungsstab in der Hand, sollte weiterwandern. Der ewige Jude sollte der leiblichen Vernichtung seines Daseins, der „Endlösung" entgegenziehen. Endlich würde die Welt von dem schweren Problem befreit werden, das sie zweitausend Jahre lang heimgesucht hatte! Nun würde sie endlich aufatmen können!

Niemand weinte in der Menge. Niemand schrie, niemand sprach ein Wort. Es waren Gespenster, dem Urgrund der Geschichte enttaucht. Verstörte, stumme Gespenster. Man wartete auf den Marschbefehl. Die ungarischen Polizisten, die schwarze Feder an der Kappe, kamen und gingen, den Karabiner schußbereit, den Knüppel bereit zum Hieb.

Meine Eltern und ich standen nah am Gitter; auf der anderen Seite das Leben, die Freiheit, das, was man Leben und Freiheit nennt. Einige Fußgänger wandten den Blick ab, die ängstlichen senkten ihn, weil er ihnen zu schwer wurde.

In diesem Augenblick sah ich es. Ein Gesicht im gegenüberliegenden Fenster. Die Vorhänge verbargen alles andere, nur der Kopf war sichtbar. Er glich einem geschwollenen Ball. Ein Kahlkopf mit plattgedrückter Nase und großen leeren Augen. Ein nichtssagendes, alltägliches, gelangweiltes Gesicht, das nie eine Leidenschaft bewegt hatte. Ich habe es lange beobachtet. Er sah hinaus, kein Mitleid spiegelte sich in seinen Zügen, weder Freude noch Schrecken, nicht einmal Zorn oder Neugierde. Regungslos, kühl, unpersönlich. Das Schauspiel ließ ihn kalt. Was, diese Leute sollen sterben? Das ist doch nicht seine Schuld, er hat die Entscheidung doch nicht getroffen. Er ist weder Jude noch Judengegner, er ist ein einfacher Zuschauer, sonst nichts.

Sieben Tage lang füllte und leerte sich der große Hof der alten Synagoge. Er, hinter den Vorhängen stehend, sah zu. Die Polizisten schlugen Frauen und Kinder; er rührte sich nicht. Es ging ihn nichts an. Er war weder Opfer noch Henker: er war Zeuge und weiter nichts. Er wollte ruhig leben.

Sein völlig ausdrucksloses Gesicht verfolgte mich Jahre hindurch. In dieser Zeit habe ich viele andere Gesichter vergessen, seines jedoch nicht. Die ungarischen Polizisten waren grausam. Aber mein Gedächtnis hat von ihnen nur verschwommene Umrisse bewahrt: ein Bärtchen, einen Gewehrkolben, ein Aufleuchten tierischer Freude. Mit den Deutschen war es nicht viel anders; ich sehe noch ihre Gebärden, ihre heiseren Schreie, ihre eisige methodische Grausamkeit. Aber das einzige Gesicht, das mein Gedächtnis völlig bewahrt hat, ist das seine.

Ich verspürte gegen ihn weder Haß noch Zorn noch Neugierde. Wie kann man weiterhin die Frau umarmen, die man liebt; inbrünstig, wenn nicht gläubig zu Gott beten; von kommenden Tagen träumen, die singen – nachdem man *das* gesehen hat? Nachdem man die haarscharfe Linie gesehen hat, die das Leben vom Tod, die Gut von Böse scheidet?

In Deutschland dachte ich an ihn: was tut er? Ist sein Schlaf leicht, ruhig? Hat er genug zu essen? Erinnert er sich?

Die anderen, alle anderen, das war er. Der Dritte im Bunde. Zwischen Opfer und Henker besteht ein geheimnisvolles Band: sie gehören derselben Welt an; der eine ist die Verneinung des anderen. Die Logik der Deutschen war klar und für die Opfer verständlich. Selbst das Böse und der Wahnsinn besitzen eine verdrängte Intelligenz.

So ist es indes bei jenem anderen nicht. Der Zeuge ist nicht greifbar. Er sieht, ohne gesehen zu werden. Er ist da, ohne sich bemerkbar zu machen. Das Rampenlicht schützt ihn. Er klatscht nicht Beifall, er erhebt keinen Einspruch: seine Gegenwart weicht aus und verpflichtet ihn weniger als seine Abwesenheit. Er sagt weder ja noch nein, auch nicht vielleicht. Er sagt nichts. Er ist da, handelt aber so, als sei er nicht da. Noch schlimmer: er handelt, als seien wir nicht da.

Das ist er.

Es war noch zu früh am Nachmittag, um ihn sofort aufzusuchen. Vermutlich war er noch bei seiner Arbeit. Da ich nichts Besseres zu tun hatte, beschloß ich, die wenigen Stunden zu benutzen, um in den übrigen Stadtteilen umherzugehen. So drang ich bis zum Malomkert, dem „Mühlengarten", vor, in den man die Kinder führte, um ihnen die Taten von Rosza Sàndor, dem berühmten Räuberhauptmann, zu erzählen, der vor Jahrhunderten sich damit die Zeit vertrieb, unter die Armen zu verteilen, was er den Reichen stahl. Es hieß, eine der benachbarten Grotten habe ihm als Unterschlupf gedient: wer sie entdecke, würde die Schätze gewinnen, die er in den letzten Tagen vor seinem Tode angehäuft hatte, ohne die Zeit gefunden zu haben, sie seinen Lieblingen, den Enterbten, zu schenken.

In einiger Entfernung stieß ich auf die Holzhütte Marthas, der alten Trinkerin, die die Straßenjungen verfluchte, die ihr Steine nachwarfen. Ob sie noch am Leben war? Die Hütte war leer. Seit Jahren war kein Mensch mehr über ihre Schwelle getreten. Ein Geruch von Verlassenheit, von Fäulnis schwelte darin. Martha, der Kinderschreck, wird kein Kind mehr verwünschen. Arme Martha! Man hätte meinen können, sie hätte alles getan, um den Haß aller auf sich zu laden. Warum hatte sie sich solche Mühe gegeben, den Abscheu aller auf sich zu lenken? Wer war sie? Hatte es eine Zeit gegeben, da sie jung, schön, glücklich war? War sie etwa so geboren worden, alt, schmutzig, widerwärtig? Sie galt als eine Hexe, die sich vom Satan beschlafen ließ. Es hieß, sie sei imstande, jeden zu töten, durch eine Geheimformel zu töten, die ihr Macht über die Naturkräfte verlieh. Man wollte auch wissen, sie verwandle in ihrer Hütte Sand zu Gold, Böses in Gutes. Zu ihren Lebzeiten hatte niemand gewagt, ihre Hütte zu betreten: man erzählte sich nämlich, daß sie von zwei schwarzen Hunden, zwei wilden, blutrünstigen Ungeheuern, bewacht werde. Aber nun war sie tot. Und ihre Hütte leer. Selbst der Wind verirrte sich nicht in sie.

Ich kehrte in den Malomkert zurück und setzte mich an den See, dessen Ufer von dunkelgrünem Schlamm bedeckt war.

Hier hatte die Welt Ruhe, und der Planet drehte sich nicht mehr. Hier atmete alles Frieden. Kein Lärm drang von der Stadt herüber. Der Wind streichelte die Bäume, murmelte im Blattwerk, das ein nur ihm verständliches Geheimnis vergoldet hatte. Hier war die Zeit stehengeblieben und zu einem Gegenstand geworden, den man betrachtet, befragt, öffnet. Ich fühlte mich seltsam heiter, in Frieden mit mir selbst. Meine ganze Kindheit erstand vor meinen Augen auf der Oberfläche des Sees. Ich sah das, was die gläubigen Juden *Heschbon Hanefesch,* die Gewissensabrechnung, nennen. Was hatte ich aus meinem Leben gemacht? Ich hatte gelitten, ich hatte Leiden verschuldet. Ich hatte empfangen, ich hatte gegeben. Ich hatte gehofft und die Hoffnung verloren. Was blieb von einem Dasein übrig? Bald würde ich einem Menschen von Angesicht zu Angesicht gegenüberstehen und ihm in der Eigenschaft des Richters, des Anklägers oder des Zeugen Fragen stellen. Denn das Spiel kann unbegrenzt weitergespielt werden: wer den ZEUGEN beobachtet, wird selber ein Zeuge, er wird mich ausfragen. Welches unserer beiden Leben wird das größere Gewicht haben ...?

Die Sonne sank hinter dem Berghang, die Wolken entzündend, die ihr den Rückzug versperrten. Das Wasser des Teichs dunkelte, als enthalte es bereits die Elemente der Nacht. Die Blätter raschelten. Ich schloß die Augen: im vergilbten Grase an einen Baum gelehnt, hörte ich eine Stimme, die mich beim Namen rief. Ich blickte umher und bemerkte, daß es kein Baum war, an dem ich lehnte, sondern meine Mutter. Ich frage sie: „Warum bist du zurückgekommen?“ Und sie antwortet: „Mir war kalt.“ Ich sage: „Komm, wir gehen nach Hause.“ Und sie antwortet: „Ich kann nicht, siehst du nicht, daß ich ein Baum bin?“

Auf meiner Uhr ist es sechs vorbei, Zeit, um aufzubrechen, in die Stadt zurückzukehren. Unterwegs erlebte ich einen Augenblick der Unruhe: der Mensch bewohnt nicht mehr denselben Ort! Er ist nicht mehr am Leben! Ich beschleunigte meine Schritte.

Bevölkert von Menschen, die von der Arbeit heimkehrten, erinnerten die Straßen an einen winddurchzausten Wald. Alle hatten es eilig, in die Wärme des eigenen Heims zu gelangen.

Vor dem Hause blieb ich stehen. Das Fenster war erleuchtet. Der Eingang befand sich im Hof. Ich hielt einen Augenblick inne: war es wirklich eine echte Tat, eine freiwillige Handlung? Ich atmete tief und öffnete die Tür, ohne mir die Mühe zu machen, anzuklopfen. Sie war offen. In Szerencsevàros schließt man die Tür nicht, nicht einmal nachts. Eine Diele. Am Ende des Flurs das Zimmer, das auf die Straße ging. Ohne das geringste Geräusch ging ich auf die Tür zu. Mein Herz schlug heftig.

Da war er.

Am Tisch lehnend, mit dem Profil zu mir, las er in einem Buch. Er war es. Ich hätte ihn unter Tausenden wiedererkannt. Ein dicker, runder, vollkommen kahler Schädel. Er hatte sich nicht verändert. Allerdings trug er jetzt eine Brille. Sinnbild der Namenlosigkeit, der mittelmäßige Mensch. Ich beobachtete ihn schweigend. Eine Fliege spazierte auf seinem Schädel umher, er merkte es nicht. Unbeweglich blickte ich ihn an, ohne Haß, ohne Verachtung. Ich verspürte nur Neugierde.

Plötzlich merkte er ein fremdes Wesen im Zimmer. Langsam wandte er den Blick zur Tür, wurde meiner gewahr und zuckte zusammen:

„Was wollen Sie?"

An den Tisch gelehnt, blickte er mir aufrecht ins Gesicht. Es war das Gesicht, das ich am Fenster gesehen hatte. Große kühle Augen, undurchsichtig wie das Eis, das den Fluß bedeckte. Auffallend war das Fehlen der Augenbrauen. Ein fliehendes Kinn. Die Unschuld selbst: wer nicht existiert, ist zwangsläufig unschuldig. *Ich habe Durst, sagte meine kleine Schwester.*

„Wer sind Sie?"

Ich antwortete nicht. Das ging ihn nichts an. Ich bin: das mag ihm genügen. Ich gab mich nicht zu erkennen. Ich sah keine Veranlassung, mich ihm namentlich zu erkennen zu geben. Ich machte ein paar Schritte durchs Zimmer, als interessiere es mich unabhängig von ihm. Bürgerliche Einrichtung. Schwerfällige, ungefällige Gegenstände. Sogar das Rundfunkgerät war so groß wie ein Schrank. An den Wänden Photographien eines schnauzbärtigen Soldaten: vermutlich sein Vater. Ein Emailbildchen: seine Mutter in ihrer Jungmädchenzeit. Die Hand unterm Kinn, lächelte sie herausfordernd. *Ich habe Durst, sagte meine kleine Schwester.*

„Sind Sie von der Polizei?"

Er folgte mir mit dem Blick. Er war bleich und zuckte mit den Wimpern. Seine Lippen, die unverständliche Worte murmelten, bebten sichtlich. Er nahm die Brille ab, um sie auf den Tisch zu legen: fast hätte er sie dabei fallen lassen. Wiederum blickte ich das Emailbildchen an: meine Mutter lächelte auch, aber ihr Lächeln hatte nichts Herausforderndes. Im Gegenteil: es war bescheiden, zurückhaltend, schüchtern. *Sie hatte Durst, sagte meine Mutter, aber sie scheute sich, es zuzugeben.*

„Sie sind nicht von der Polizei?"

Er erriet es an der Art, wie ich das Lächeln prüfte, das von dem Bild seiner Mutter ausging. Die Veränderung in ihm geschah sehr plötzlich. Er hatte keine Angst mehr. Er gehörte jener Sorte von Leuten an, die nur Angst vor der Polizei haben. Ich war kein Polizist: daher lag kein Grund vor, Angst zu haben. Über dem Empfangsgerät hing ein Spiegel. Unrasiert sah ich zwar anrüchig und böse, aber nicht wie ein Polizist aus.

„Was wollen Sie?" fragte er mit sicherer Stimme.

„Sie demütigen", antwortete ich.

Ich habe Durst, sagte meine kleine Schwester. Sie hatte das schönste Haar von der Welt, mit dem die Sonnenstrahlen gerne spielten. Aber an jenem Frühlingstag – einem Schabbat – trug sie ein Kopftuch, als sei sie alt und verwitwet. Sie war acht Jahre alt. *Ich habe solchen Durst, sagte sie.* Ich konnte ihr kein Wasser bringen. Die Polizisten bewachten die Türen des Hofes. Streng verboten, auf die Straße zu gehen. Und er stand am Fenster und schaute zu.

„Ich bin von weit hergekommen", sagte ich. „Ich bin gekommen, um Sie zu demütigen."

Ich wollte ihn auf die Knie zwingen, wollte, daß er den Staub meiner Schuhe küsse. Ich wollte ihm die Einsamkeit der

Feiglinge zu kosten geben. Ihn zu einem Fetzen verwandeln. Ihm das Bild, das er von sich selbst hatte, entwinden, seine Person zu nichts zerreißen, ihm seine Haltung, seinen Stolz und seinen Hochmut austreiben, wie man die Kinder aus der Nähe eines unreinen Körpers treibt.

„Ich habe Durst", sagte ich. „Geben Sie mir Wein."

Er umschritt den Tisch, öffnete das Büfett und brachte eine Flasche Tokayer auf den Tisch und zwei Gläser, die zwei umgestülpten Kegeln glichen. Gelassen stellte er das Ganze hin. Ich sagte, er solle sie füllen. Die Flasche zitterte nicht in seiner Hand. Ich nahm mein Glas mit der Rechten. Er wollte das gleiche tun. Ich hielt ihn zurück. Er sagte „gut" und wartete. Stumm blickten wir einander an. Jeder schätzte die Kraft des anderen ab. Er widerstand meinem Blick. Meine Finger umkrampften das Glas mit solcher Gewalt, daß es fast zersprungen wäre. Ich hätte ihn anherrschen wollen: „Senk den Blick, du Wurm! Runter mit ihm! Kriech damit auf dem Boden!" Mein Blick schrie es. Aber er gab nicht nach. Seine trüben Augen spiegelten einen inneren Winter, eisbedeckt, undurchdringlich, unbeugsam. Das Schweigen lastete. Der Mann verriet nicht das geringste Zeichen von Schwäche. Er sah in mir einen Feind, und in dieser Gegenüberstellung einen Zweikampf. Er hielt mich für seinesgleichen. Dann, mit einer jähen, wohlüberlegten Bewegung, schleuderte ich ihm den Wein ins Gesicht. Er verengte die Lider. Gelbe, schwere Tropfen rannen über sein Gesicht, das unbeweglich blieb. Ich ergriff das zweite Glas, hob es auf seine Kopfhöhe, damit er es sehen konnte: er würdigte es keines Blickes. Seine Augen wichen nicht von den meinen. „Runter mit deinem Blick, Schmutzfink! Dein Platz ist da unten, auf dem Boden!" Mit der gleichen Ruhe, mit der er den Inhalt des ersten Glases hingenommen hatte, ließ er den zweiten Sprühregen über sich ergehen.

„Füllen Sie die Gläser", befahl ich.

Ohne ein Wort zu verlieren, tat er es von neuem, aber sein Blick wurde pechschwarz. Er füllte die Gläser bis zum Rand und schob sie vor mich in Reichweite hin.

„Sprechen wir", sagte ich.

„Worüber?"

„Über einen Frühlingssamstag. Neunzehnhundertvierundvierzig. Auf der einen Seite die Juden, auf der anderen Sie. Nur ein Fenster – dieses Fenster – trennte Sie von ihnen."
„Ich erinnere mich."
„Mit Beschämung?"
„Nein."
„Mit Reue?"
„Nein."
„Mit Trauer?"
„Auch nicht. Mit nichts dergleichen. Es ist eine Erinnerung, die von keiner Erregung begleitet ist."
Ich beugte mich leicht vor:
„Was haben Sie gefühlt?"
„Nichts."
Meine Gesichtsmuskeln spannten sich:
„Draußen vergingen die Kinder vor Durst: was haben Sie gefühlt?"
„Nichts."
„Draußen wandten die Männer den Blick ab, um nicht mit ansehen zu müssen, wie ihre Kinder sich vor Schmerzen krümmten: was haben Sie gefühlt?"
„Nichts."
Dann, nach einem Stillschweigen.
„Überhaupt nichts. Meine Frau weinte in der Küche. Ich nicht. Sie war traurig und niedergeschlagen. Ich nicht."
Nach einem weiteren Stillschweigen:
„Ich nicht, sage ich Ihnen. Ich hatte das beklemmende Gefühl, einer Art Spiel beizuwohnen – einem Spiel, das nichts mit mir zu tun hatte. Einem Spiel, das Sie auf der einen, die Deutschen und die Polizisten auf der anderen Seite spielten. Ich spielte dabei keine Rolle."
Ein Spiel! Zum erstenmal an diesem Abend regte sich dumpf der Zorn in mir. Er hatte recht. Die Sache hatte allen Anschein eines Spiels. Gewiß: man starb dabei endgültig, aber das hatte nichts damit zu tun. Nur auf die Art, wie man in den Tod geht, kommt es an. Wir sind in den Tod gegangen, als handle es sich um ein Spiel. Wir haben keinen Einspruch erhoben, wir haben nicht gekämpft, wir haben unser Los als Opfer hingenommen.

Selbst eine schlecht geleitete Revolte hätte Aussicht auf Erfolg gehabt, aber sie ist nicht ausgebrochen. Wir haben uns wie eine Schafherde abführen lassen. In der Tat, ein Spiel! Eine griechische Tragödie, bei der die Personen von vornherein, lange bevor der Vorhang aufgeht, verurteilt sind. In Szerencsevàros, in Marmaroszighet, in tausend anderen europäischen Städten gehorchten die Juden blind dem unerbittlichen Willen eines unsichtbaren Regisseurs. Überall glichen sich die ersten Akte, auch die zweiten, desgleichen die letzten. Eine Gebärde, eine einzige, ein Schrei, ein einziger – eine Bewegung, die nicht im Stück vorgesehen war – und alles wäre anders gekommen: die Schauspieler hätten ihre Persönlichkeit wiedergewonnen. Diese Gebärde ist nicht ausgeführt, dieser Schrei ist nicht ausgestoßen worden. Die Opfer waren vorbildliche Opfer. Natürlich wußten sie es nicht. Sie hatten keine Ahnung, wie es weitergehen, wie es enden würde. Sie hätten es wissen sollen. Sie hätten es wissen können. Es gab einige, die es wußten, die es gesehen hatten. Man weigerte sich, sie anzuhören. Man brachte sie zum Verstummen. Man machte sie mundtot. Es hätte nur noch gefehlt, daß man sie gesteinigt hätte. Das gehört zum Spiel.

„Ich habe keine Trauer empfunden", fuhr der Mann fort. „Ich erinnere mich noch genau: am Tag nach Ihrer Abreise ging ich durch die verlassene Stadt. Ihr Eigentum lag auf der Straße, als habe die Erde es ausgespuckt. Da und dort tanzten und sangen sinnlos betrunkene Menschen. Ich habe nichts berührt. Ich glaubte auf einer Bühne zu stehen, eine Stunde nach der Vorstellung."

Das Blut pochte in meinen Schläfen. Gewissensbisse, Scham, Zorn kämpften in mir. Jetzt verargte ich es ihm. Schließlich war es nicht an mir, mich zu verteidigen. Selbst wenn er recht hat – und mein Herz gab ihm recht –, rechtfertigte das nicht seine Haltung als Zeuge. Auch er hätte das Spiel unterbrechen können. Er hätte nur in den Hof der Synagoge hinunterzugehen und die Juden aufzufordern brauchen: „Hört, gute Leute! Laßt es euch nicht gefallen. Seid auf der Hut! Das ist keine Spielerei!" Er hat es nicht getan.

„Feigling", schrie ich, und meine Faust dröhnte auf der

Tischplatte. „Ihre Feigheit ist namenlos! Sie haben nicht den Mut besessen, das Gute oder das Böse zu tun! Die Rolle des Zuschauers, die hat Ihnen gepaßt. Man mordet. Was haben Sie damit zu tun? Mögen die Häuser der Einwohner wie von Geiern geplündert werden. Was haben Sie damit zu schaffen? Mögen Kinder Durst haben. Was haben Sie damit zu tun? Ihr Gewissen ist ruhig. Nicht schuldig, hoher Gerichtshof! Ihre Feigheit widert mich an! Sie wollten spielend gewinnen! Es ist leicht zu sagen: ‚Ich bin ich, und die anderen sind die anderen – mögen sie zum Teufel gehen!' Es ist bequem zu sagen: ‚Die tun ja nur so, es ist ja nur ein Spiel!' Wer gibt Ihnen das Recht, zu beurteilen, wer spielt und wer nicht spielt, wer stirbt und wer nur so tut? Wer hat Ihnen so gut beigebracht, das Leiden vom Scheinleiden zu unterscheiden?"

Ich trat von ihm weg ans Fenster, an jenen Platz, an dem er vor Jahren gestanden hatte. In der Ferne eine Stimme: „Kommst du früh heim?" Ich habe nicht die Antwort gehört. Jedenfalls kommen die zehntausend Juden von Szerencsevàros nicht mehr heim. Weder früh noch spät. Nicht heute abend, nicht morgen abend. Sie spielen die Abwesenden. Das ist das Lieblingsspiel der Toten. Wie der Tod das Lieblingsspiel der Juden ist.

Hier ist der Zuschauer, vor dem sie gespielt haben, Kalman. Und ihr, Hersch-Leib und Menasche. Und du, Schwesterchen. Welch ärmliche Komödianten habt ihr abgegeben! Keine Träne, keinen Seufzer, keinen Schreckensschrei habt ihr dem Publikum entlockt. Nichts. Siebenmal nichts. Martha, die alte Trinkerin, hatte mehr Erfolg als ihr: sie flößte zumindest Angst und Beschämung ein. Ihr, ihr habt nur Gleichgültigkeit ausgelöst. Der Zuschauer war enttäuscht. Das Spiel hat nichts in ihm bewirkt. Nichts sage ich euch. Keine Ergriffenheit, keine Gemütsbewegung. Seine Frau hat in der Küche geweint. Aber er, in der Proszeniumsloge, hat trockene Augen und ein trockenes Herz gehabt. Ihr habt schlecht gespielt! Hattest du Durst, Schwesterchen? Nein, du spieltest die Durstige. Du hast schlecht gespielt. Dein Durst hat niemanden überzeugt.

„Sie hassen mich, nicht wahr?"

Ich drehte mich um. Seine Stimme war mit einemmal

menschlich geworden. Eine gewisse Intensität stand in seinen Zügen zu lesen.

„Nein", sagte ich. „Ich hasse Sie nicht."

Dann, nach einer Weile:

„Ich verachte Sie. Das ist weit schlimmer. Wer Haß auslöst, bleibt menschlich, aber nicht der, der Verachtung auslöst. Man verachtet nicht den Henker, man haßt ihn, man wünscht seinen Tod. Man verachtet nur die Feigen. Die, die wie Sie in ihren Elfenbeinturm flüchten und sich sagen: ‚Die Welt ist ein Schauspiel! Wie angenehm, wenn sie uns einen Nervenkitzel verschafft!' Der Haß aber setzt das Menschliche voraus: er hat seine Koordination, seine Motive, seine Themen, seine Harmonik. Unter Umständen vermag er den Menschen zu erheben. Die Verachtung hat jedoch nur eine Dimension: die Degradierung."

Er erbleichte unmerklich. Er verengte den Spalt seiner Lider. Aufrecht stand er da, die Hand auf dem Magen, als verspüre er Übelkeit.

„Es wird Ihnen nicht gelingen", sagte er. „Sie werden mich nicht demütigen. Sie spielen, aber darauf gehe ich nicht ein. Ich weigere mich, mit Ihnen zu spielen."

Er musterte mich, und sein kalter Blick wurde hart, schneidend wie eine Klinge:

„Sie bezichtigen mich der Feigheit. Und Sie? Was waren Sie? Eine Handvoll Polizisten – es waren keine zehn – haben Sie zum Schlachthof geführt: warum haben Sie ihnen nicht die Waffen abgenommen? Was? Können Sie mir das sagen?"

„Man wußte es nicht", sagte ich mit zugeschnürter Kehle. „Man wußte nicht, was uns erwartete."

„Das stimmt nicht! Es gab welche unter euch, die es wußten, die zu warnen versuchten. Aber ihr habt nicht gehört. Warum nicht? Was? Können Sie mir erklären, warum Sie nicht auf jene gehört haben?"

„Was die Leute sagten, klang zu phantastisch, man konnte wahrhaftig nicht viel darauf geben."

„Sie hatten Angst, Sie zogen die Selbsttäuschung der Bewußtmachung, das Spiel dem Mut vor."

Ich vermochte kaum noch meinen Zorn zu beherrschen. *Du*

hattest Durst, Schwesterchen. Und er wagt, dich als Zuschauer zu verurteilen. Jetzt klagt er dich noch der Feigheit an. Ich wollte mich auf ihn stürzen, ihm die Augen auskratzen, ihn töten. Ein Mensch wie er hat nicht das Recht, zu leben und die Toten abzuurteilen.

„Sie haben recht, richtiger gesagt, vielleicht haben Sie recht. Auch wir hätten anders handeln können. Sie vergessen jedoch, daß wir Opfer waren: man nahm uns nicht allein das Recht, zu leben und Wasser zu trinken, wenn man Durst hatte, sondern auch das Recht, klar zu sehen. Das trifft nicht auf Sie zu: Sie waren ja kein Opfer. Sie standen außerhalb des Zauberkreises. Ihre Pflicht war klar: man mußte wählen. Uns schlagen oder uns helfen. Im ersten Fall hätte ich Sie gehaßt, im zweiten geliebt. Sie sind aber einfach am Fenster stehen geblieben: daher verachte ich Sie."

Meine Stimme klang ruhig. Ich durfte ihn nicht hassen. Ich richtete mein ganzes Streben auf das eine Ziel: den Haß zum Schweigen zu bringen. Verachtung war das, was er verdiente. Der Haß setzt das Menschliche voraus. Der Zeuge hat nichts Menschliches an sich: er ist ein Stein auf dem Gehsteig, ein Kadaver, verfaultes Holz. Es ist einfach da, es überlebt uns, es rührt sich nicht. Der Zeuge sinkt auf die Ebene des Gegenstandes herab. Er ist nicht er, du oder ich, er ist es.

Er wollte etwas sagen, aber mein Blick gebot ihm Schweigen. Ich sagte, er solle mit mir ans Fenster kommen. Er kam. Wir wandten dem Zimmer den Rücken und betrachteten den Hof der Synagoge. Es mußte auf Mitternacht gehen. Die Toten kommen nicht mehr zum Beten.

„Es wird Ihnen nicht gelingen, mich zu demütigen", sagte er.

Ich überhörte seine Bemerkung und sagte:

„Erinnern Sie sich noch an die Synagoge? Glauben Sie, daß sie für immer zerstört ist? Irrtum. Sie existiert. Eine Synagoge ist wie der Tempel von Jerusalem. Die Weisen Israels sagen, daß es einen oben und einen unten gibt. Der untere kann zur Asche verbrannt werden: es ist zweimal geschehen. Aber der obere Tempel bleibt ganz: die Feinde können ihn nicht berühren. Auch diese Synagoge existiert. Sie ist nur nach oben verpflanzt worden. Jedesmal, wenn Sie die Augen heben, sehen

Sie sie. Und Sie werden sie so oft sehen, so deutlich sehen, daß Sie Gott anflehen werden, Ihnen das Augenlicht zu nehmen."

„Es wird Ihnen nicht gelingen, mich zu demütigen", sagte er.

Wiederum überhörte ich seine Bemerkung und sagte:

„Sie glauben in Frieden, in Sicherheit zu leben, aber in Wahrheit leben Sie nicht. Leute Ihrer Sorte leben am Rande des Daseins. Fern von den Menschen, fern von ihren Kämpfen, die Sie fraglos als dumm und sinnlos ansehen. Sie sagen sich, daß es die einzige Art und Weise ist, zu überleben, sich über Wasser zu halten. Sie haben Angst zu ertrinken, daher betreten Sie nie ein Schiff. Sie bleiben am Strand, am Rande des Meeres, dessen Schaum Sie sogar erschreckt. Mögen die Schiffe ohne Sie auslaufen! Welches auch ihre Flagge sein mag – kommunistisch, nazistisch oder tatarisch – gleichviel; Sie sagen sich: mein Leben an das eines anderen, einer Gruppe knüpfen hieße es verkleinern, es begrenzen, wozu also? Sie legen großen Wert auf Ihr Leben. Es ist Ihnen kostbar. Sie schenken es daher weder der Geschichte noch dem Vaterland, auch nicht Gott. Wenn in Frieden leben heißt, im Nichts zu kreisen, akzeptieren Sie das Nichts. Die Juden im Hof der Synagoge? Nichts. Die Schreie der wahnsinnig gewordenen Frauen in den Viehwagen? Nichts. Das Schweigen der Kinder, die Durst haben? Nichts. All das ist nichts wie Spiel, sagen Sie sich immer wieder. Kino, Literatur; gesehen und vergessen. Ich aber sage Ihnen: Sie sind eine Maschine, die das Nichts herstellt."

„Ich lasse mich nicht demütigen", sagte er.

Noch einmal überging ich seine Bemerkung und sagte:

„Die toten Juden, die wahnsinnig gewordenen Frauen und die stummen Kinder – ich bin ihr Bote. Und ich sage Ihnen: sie haben Sie nicht vergessen. Eines Tages werden sie sich auf den Weg machen, Sie zu Tode trampeln und Ihnen ins Gesicht spucken. Angesichts ihrer verächtlichen Schreie werden Sie Gott anflehen, er möge Sie taub machen."

Ein frischer Wind strich am Fenster vorbei und glitt über unsere Gesichter wie der Atem eines Tieres. Sterne jagten einander im hohen Himmel. Eine Tür knarrte. Gemurmelte Klagen. In der Ferne umhüllten die Berge ihr Geheimnis mit einem dichten Umhang.

„Ich lasse mich von Ihnen nicht demütigen", sagte der Mann.

Diesmal antwortete ich:

„Schweigen Sie."

Plötzlich verspürte ich keine Lust mehr zu sprechen, auch nicht zuzuhören. Ich fühlte mich erschöpft wie nach einer Schlacht, die man widerwillig geliefert hat, ich bin gekommen, ich habe gesehen, ich habe die Botschaft abgeliefert: der Kreis ist geschlossen, die Tat vollbracht. Jetzt gehe ich fort. Ich kehre in das Leben zurück, das man normal nennt. Die Vergangenheit ist ausgetrieben. Ich werde leben, ich werde arbeiten, ich werde lieben. Ich werde eine Frau nehmen, ich werde einen Sohn haben, ich werde kämpfen, um seine Zukunft, sein künftiges Glück zu verteidigen. Die Aufgabe ist erfüllt. Kein versteckter Zorn mehr. Keine Verkleidung mehr. Kein auf zwei Ebenen geführtes Doppelleben mehr. Nun bin ich ganz.

„Verachten Sie mich wirklich?"

Ich antwortete nicht, ich hatte genug gesprochen. Alles war gesagt worden. Ich werde Szerencsevàros, die Stadt des Glücks, verlassen und nie mehr wiederkehren.

„Kommen Sie", sagte ich.

Wir verließen das Fenster. Die beiden Weingläser standen unvermittelt auf dem Tisch.

„Trinken wir", sagte ich.

Ich ergriff ein Glas und schob ihm das andere zu. Er nahm es zaudernd, ungewiß, ob ich ihn nochmals beleidigen würde. Sein Mund war von einer bitteren, erschütternden Falte gezeichnet.

„Trinken wir auf die Komödianten", sagte ich. „Auf die Komödianten, die ihr eigenes Spiel getötet hat."

Wir stießen an und leerten unsere Gläser.

„Sie hassen mich nicht", sagte er.

„Ich habe es Ihnen doch schon gesagt. Ich hasse Sie nicht."

„Aber Sie müssen mich hassen!" rief er verzweifelt.

„Ich hasse Sie nicht", sagte ich.

„Ich werde es nicht ertragen können! Ihre Verachtung würde mir die Augen verbrennen: ich würde sie nicht mehr schließen können! Sie müssen mich hassen!"

„Nein", sagte ich.

Einen Augenblick blickte er mich an, und ich dachte, er werde weinen. Hätte er es getan, ich hätte ihn umarmt. Er hat es nicht getan. Zum erstenmal in dieser Nacht hatte sein Gesicht gezittert. Seine Schläfenadern waren angeschwollen. Er fuhr sich mit der Zunge über die Lippen, wie um die letzten Weintropfen abzulecken. Dann verzog sich sein Gesicht zu einem sonderbaren, spöttischen Lächeln, dessen Sinn ich erst später begriff.

„Ich bin zuversichtlich, Sie werden mich hassen."

Nun stand das Leiden auf seinem Gesicht geschrieben, als habe eine unsichtbare Hand es eingegraben. Er war menschlich geworden. Im Grunde – dachte ich – ist der Mensch nicht nur Henker, nicht nur Opfer, nicht nur Zeuge: er ist alle drei zusammen.

Es war Zeit zu gehen. Ich sagte „Leben Sie wohl", und ohne auf eine Antwort zu warten, machte ich kehrt und verließ achselzuckend das Haus. Die Straße schien verlassen, verschlafen. Ich ging in Richtung auf das Haus von Dr. Todor, des Freundes meines Vaters. Ich gedachte die beiden Tage bis zum Treffpunkt bei ihm zu bleiben.

Man schreit jedoch nicht dem anderen ungestraft seine Verachtung, seinen Abscheu ins Gesicht. An der Straßenecke, die in den Hauptplatz mündete, bremste plötzlich ein Wagen am Gehsteig; im Handumdrehen schlug die Tür auf, und zwei Arme zerrten mich blitzartig hinein. Auf dem Vordersitz saß er, der Zeuge. Kaum hatte ich sein Haus verlassen, als er auch schon den Polizisten an der Ecke verständigte. Im Rückspiegel trafen sich unsere Blicke: der seine spiegelte die Herausforderung, den vorweggenommenen Sieg und sagte: jetzt werden Sie mich notgedrungen hassen!

„Hast du ihm ins Gesicht gespuckt?" fragte Pedro.
„Nein."
„Du hast dem Denunzianten nicht ins Gesicht gespuckt?"
„Nein, mein Freund, ich habe ihn angelächelt. Ich habe den Mann, vor dem ich den lieben Gott gespielt habe, angelächelt."
„Das ist noch grausamer", sagte Pedro.

Dabei strich er sich abwesend über die Stirn, was er stets tat, wenn er ergriffen war.

Die Tage und die Nächte verliefen in dem Halbdunkel, das sie nacheinander verschlang. Zu Anfang sah Michael im Brot und in der Suppe zwei Anhaltspunkte: die Verteilung des Brotes fand frühmorgens, die der Suppe am Spätnachmittag statt. Aber Menachem belehrte ihn rasch eines Besseren. Um die Gemüter zu verwirren, machten sich die Gefängniswärter mitunter einen Spaß daraus, den Stundenplan umzustoßen, so daß die Häftlinge nicht mehr wußten, ob es Tag oder Nacht war.

Michael fühlte, wie sein Verstand nachgab: die Flamme seines Geistes wurde kleiner. Sein Ich schien sich in der toten Zeit aufzulösen.

Von seinen drei Schicksalsgefährten war Menachem der einzige, mit dem er plaudern konnte. Natürlich war auch er vom Wahnsinn befallen, aber der seine hatte zumindest den Vorteil, mitteilbar und zusammenhängend zu sein.

„Gott ist mein Wärter", sagte er gerne. „Ich übergebe ihm alles, was ich bin, alles, was ich habe: nachts meine Seele, tags meinen Verstand. Da er mir morgens die Seele zurückgibt, wird er mir auch den Verstand wiedergeben."

„Ich lehne seine Dienste ab", antwortete Michael. „Ich bin arm. Seine Preise sind zu hoch. Ich ziehe vor, mein Gepäck mit mir herumzuschleppen." Menachems schönes Christusgesicht strahlte vor Mitleid:

„Lästere nicht Gott, Freund."

Er murmelte ein leises Gebet, beugte sich vor und sagte sanft:

„Bist du sicher, nicht schon verrückt, nicht bereits auf der anderen Seite zu sein? Bist du völlig davon überzeugt, daß der Wahnsinn nicht der Grund unserer Weigerung ist? Wenn der Glaube Wahnsinn ist, warum ist es dann der Mangel an Glauben nicht?"

Michael antwortete nicht, um ihn nicht zu verletzen. Um beweisen zu können, daß man geistig gesund ist, muß es der Gesprächspartner auch sein.

„Vielleicht bin ich verrückt, ich gebe es zu", fuhr Menachem fort. „Vielleicht sind wir es beide. Wenn wir's nicht sind, werden wir es werden. Mittlerweile, Freund Michael, ziehe ich vor, verrückt zu sein mit Gott, oder in Ihm – als ohne Gott, fern von Ihm."

„Jetzt lästerst du aber Gott", erwiderte Michael.

„Auch hier ziehe ich vor, in Gott eine Gotteslästerung auszusprechen statt fern von Ihm."

Dank Menachem gelang es Michael eine Zeitlang, nicht dahinzudämmern. Wenn der Jude von Marmaroszighet ihn allzu traurig – oder nicht traurig genug – sah, setzte er sich zu einem Plauderstündchen zu ihm, und das war dann so, als reiche er ihm seinen Arm als Stütze.

Menachem erzählte ihm von seinem Staatsverbrechen: er hatte heimlichen Religionsunterricht erteilt. In jener Zeit wurde der Antisemitismus in allen hinter dem Eisernen Vorhang liegenden Ländern nicht nur geduldet, sondern sogar gefördert. Man nahm Rabbiner und ihre Schüler fest, man schob sie in Arbeitslager ab, damit sie nicht die Gemüter der jungen Leute vergifteten. Menachem war weder Rabbi noch Religionslehrer. Er war nicht einmal sehr fromm. Es kam häufig vor, daß er die strengen Gesetze des Schabbats übertrat und weniger als dreimal täglich betete. Dies änderte sich eines Nachmittags, als sein kleiner Sohn aus der Schule nach Hause kam und fragte: ‚Ist es wahr, daß das jüdische Volk nichts anderes ist als der Krebsschaden der Geschichte? Daß es sich nur von der Vergangenheit nährt? Daß es Gott einzig und allein erfunden hat, um den Menschen zu erniedrigen und seinen Fortschritt zu hemmen?' Menachem erblaßte unter seinem Bart. Nach einigen Monaten der Tätigkeit wurde er festgenommen. Seine Folterer sagten zu ihm: ‚Man wird dich schon dazu bringen, daß du Gott vergißt. Du wirst nicht nur an seiner Gerechtigkeit und seiner Existenz, sondern auch an der deinen zweifeln.' Er aber hielt stand. Er aß nie, ohne den Kopf zu bedecken und das Gebet auf das Brot zu sprechen. Selbst für die tägliche Zellenreinigung hatte er ein besonderes Gebet ausgedacht, bei dem er Tränen vergoß, die zu der Durchsichtigkeit seines Blicks beitrugen.

„Du fragst mich, warum ich soviel weine?" sagte er eines

Tages. „Ich will es dir sagen: um zu überleben. Kennst du die Geschichte von dem Possenreißer des Königs?"

„Nein, ich kenne sie nicht", antwortete Michael, ohne nachzudenken. Vielleicht kannte er sie, denn er kannte viele Geschichten von Königen und ihren Hofnarren, die ihre Rollen bewußt oder unbewußt spielten. Er liebte jedoch die Stimme seines Gefährten, sie entriß ihn seiner Benommenheit.

„Eines Tages ließ der König seinen Lieblingsnarren kommen und sagte zu ihm:

‚Ich bin traurig. Ich will lachen. Mache mich lachen, sonst wirst du den nächsten Sonnenaufgang nicht erleben.' Von Entsetzen gepackt, vergaß der Possenreißer seine Kunst. Wie durch einen Fluch fiel ihm keine einzige Grimasse, kein einziger Tanzschritt, kein einziges Lied mehr ein, das sonst das Gelächter des Hofes entfesselt hatte. Wohl wissend, daß er verloren war, begann er hemmungslos zu schluchzen. Nun wissen die Hofnarren bekanntlich nicht, wie man weint. Ihre Tränen überzeugen niemanden. Man hält sie für falsch. So sah der Hofnarr beim Weinen so komisch aus, daß der König sich auf seinen dicken Bauch schlug, während ein selbstgefälliges Lachen seiner Kehle entstieg."

„Sie ist grausam, deine Geschichte", sagte Michael.

„Alle Geschichten von Possenreißern sind es."

„Bist du der Possenreißer, Menachem?"

„Vielleicht."

„In diesem Fall ist der König Gott. Willst du Ihn zum Lachen bringen?"

„Gott ist der König, und ich bin nur ein Possenreißer. Freilich ist er kein König wie die anderen, und ich bin kein Possenreißer wie die anderen. Er will nur mit uns weinen. In uns. Darum müssen unsere Tränen rein und ganz bleiben. Ihre Quelle ist die des Lebens."

„Und was ist hinter den Tränen? Weißt du es?"

„Ja, Gott. Gott erwartet uns hinter allen Dingen. Laß dich gehen, Freund. Weine, und du wirst die Rinde des Daseins weniger dick, weniger hart finden."

Gedankenverloren begann Michael zu lächeln: im Himmel steht neben dem göttlichen Thron ein besonderer Kelch, in den alle unsere Tränen fließen. Wenn er voll sein wird, wird der Messias kommen. Der Dichter Simeon Samuel Frug ruft darüber in einem Lied aus: „Hat dieser Kelch keinen Boden?"

Trotzdem gelang es Menachem nicht, seinem Freunde eine einzige Träne zu entlocken. Die Unterhaltung hatte zahlreiche Tage und zahlreiche Nächte gedauert. Michael weigerte sich, nachzugeben.

Eines Nachts fuhr er aus dem Schlaf auf: er hörte ein seltsames Röcheln. Er öffnete die Augen und blieb einen Augenblick zu Tode erschrocken liegen. Der Mann, den er den Ungeduldigen nannte, war dabei, den frommen Juden zu erdrosseln. Mit einem Satz stürzte er sich auf ihn und schleppte ihn in seine Ecke zurück.

„Der hat meinen Brief gestohlen!" brüllte der andere. „Er soll ihn zurückgeben! Sonst bringe ich ihn um!"

Menachem sah erschöpft aus, massierte sich den Hals und atmete mühsam. Er schien traurig, weit fort. Michael kniete besorgt neben ihm nieder.

„Wie geht's?" fragte er.

„Es geht."

Dann verstummten sie eine Weile, bis Menachem auf seinen Freund einen Blick heftete, in dem Michael so viel Liebe las, daß er vor Ergriffenheit zitterte.

„Danke, mein Freund", sagte Menachem schwach.

„Schweige", antwortete Michael.

Er ging wieder in seine Ecke, wo er, gewiß, nicht gesehen zu werden, die ersten Tränen vergoß. Das verschaffte ihm ein Gefühl der Erleichterung, in das sich Scham mischte. Einige Tage später – vielleicht waren es Wochen, Monate – ließ er sich ein zweites Mal gehen.

Es war am Vormittag. Als der Wärter die Zelle betrat, hatte er nur drei Rationen Brot in der Hand.

„Du", sagte er zu Menachem, „komm mit. Du wirst versetzt."

Michaels Atem stockte. Darauf war er nicht gefaßt. Er hatte sich nie vorstellen können, jemals von Menachem getrennt zu werden. Wie im Traum sah er Menachem, der, ein unergründliches Lächeln auf den Lippen, seine Decke, seinen Löffel und sein Wams aufnahm und dann auf die Tür zuschritt. Als er Michael sah, blieb er stehen und schloß ihn in seine Arme. Dabei wiederholte er mehrere Male denselben Segen:

„Gott sei mit dir, Gott sei mit dir!"

„Nein, Menachem, du wirst ihn nötiger haben als ich."

Menachem umarmte ihn kräftig, dann wandte er sich jäh zum Gehen. Michael sah seinen Rücken hinter der Gittertür, er hörte seine Schritte, die sich in dem endlosen Gang verloren. Er spitzte die Ohren: nichts mehr.

Dann, plötzlich verwaist, lehnte er den Kopf an die Wand und begann, am Ende seiner Nervenkraft, hemmungslos zu schluchzen. Weder der Ungeduldige noch der Schweigsame schenkten ihm die geringste Beachtung. Der eine suchte seinen Brief, der andere suchte nichts mehr. Der Schweigsame starrte stur geradeaus und merkte nicht einmal, daß Menachem – der Körper, der monatelang sein Blickfeld eingenommen hatte – nicht mehr da war.

Michael fühlte, wie es dunkel in ihm wurde. Seine Einsamkeit wurde immer lastender, undurchdringlicher. Um zum Essensempfang, zur Zellenreinigung oder zum Urinieren in den in unmittelbarer Nähe stehenden Eimer aufzustehen, war eine Anstrengung, die fast über seine Kräfte ging. Der Mittelpunkt der Erde zog ihn an.

Bisweilen versuchte er sich an Pedro zu erinnern, mit ihm zu sprechen; er hatte jedoch den Eindruck, daß sein Freund nicht zuhörte. In Nebel und Vergessenheit gehüllt, war der Spanier weit hinter den Horizont gerückt.

Ach, etwas tun, was man nicht tun kann, was man nicht tun darf! Sich unter einen fahrenden Wagen werfen, sich die Zunge, das Ohr abschneiden, die Vernunft herausfordern, sich ein Grab im Himmel, ein Loch in den Wolken graben und sich in der Sonne betrachten!

In Paris war Michael einmal in einem Aufzug hinter einer Frau gestanden, von der er nur den Nacken sah. Er wußte nicht, ob sie alt oder jung, ob sie schön oder häßlich war. Plötzlich kam ihm ein Gedanke, ein Bedürfnis: wenn ich diese Frau auf den Nacken küsse?

Ein andermal, im Omnibus, hatte er als Nachbarn einen

Dickwanst, der an einer erkalteten Zigarette kaute. Plötzlich begann Michael ihn zu hassen. Er verspürte Lust, ihn anzuschreien. „Schweinigel, du bist ein Schweinigel!“ und ihn zu erwürgen.

Ein andermal schlenderte er auf der Straße dahin, als ein Bettler in einem zerschlissenen Mantel sich vor ihm bückte, um einen Zigarettenstummel aufzuheben. Michael empfand das Bedürfnis, ihn am Kragen hochzuziehen und ihn zu fragen: „Warum haßt du mich? Was habe ich dir getan?“

Für Michael stellte der Wahnsinn stets eine Tür dar, die in den Wald, in die Freiheit führte, in der alles erlaubt, alles möglich ist. Dort kommt A nicht vor B, die Kinder werden als Greise geboren, das Feuer erzeugt die Kälte, und der Schnee wird zur Quelle des Verlangens. Dort sind die Tiere mit menschlicher Vernunft begabt, und die Dämonen haben Sinn für Humor. Dort ist alles Schwung, Leidenschaft und Chaos. Dort sind die Gesetze abgeschafft und diejenigen, die sie eingeführt haben, abgesetzt. Die Welt befreit sich von der Ordnung, die sie gefangenhält. Die Erscheinung bricht mit der Existenz. Ein Stuhl ist nicht mehr ein Stuhl, der König ist nicht mehr König, der Hofnarr hört auf, Possenreißer zu sein und zu weinen.

Verrückt werden? Warum nicht? Nun genügt es ihm, sich dem Ungeduldigen anzupassen, ihm den Brief, nach dem er unaufhörlich verlangte, vorzulesen. Oder sich ein anderes eigenes System aufzubauen: an Themen fehlte es ihm nicht. Loslassen? Täte der Vogel auf seinem Nestrand nicht besser daran, aufzufliegen? Wird er dabei umkommen? Na und?

Eine Gestalt Shakespeares hatte es ihm angetan: jener Alte, der darüber, daß die anderen ihn verlassen haben, in furchtbaren Zorn gerät, der auf die Knie sinkt und plötzlich verzweifelt murmelt: „Herr Gott! Nur nicht verrückt werden, nicht verrückt, nicht verrückt werden ...“ Hier war also ein Mensch, der lieber am Menschen litt als sich in die Wüste zu retten, die kein Pfeil durchdrang. Hier war also einer, der sich gegen den Verrat der Freunde und die Feigheit der Feinde hätte unempfindlich machen können und der trotzdem die schwerste Lösung wählte: ihnen ins Gesicht zu sehen. Er öffnet ihnen sein

Gewissen, entblößt sein empfindsames Herz und sagt: „Ich stehe hier und nicht abseits!"

Michael hörte nicht auf, sich gegen diesen Greis zu erzürnen: Narr, der du bist, dreifacher Narr! Was willst du mit deiner Bindung an die Werte der anderen, an die Urteile der anderen beweisen? Willst du damit beweisen, daß du mutig bist? Daß du menschlich bist? Daß du weder vor dem Leid noch vor der Ungerechtigkeit Angst hast? Daß du auf deine Hellsicht Wert legst? Vor wem willst du dich rechtfertigen? Von wem willst du Verständnis oder Vergebung erlangen? Warum beängstigt dich der Wahnsinn? Wähle ihn, Alterchen, nimm ihn, ergreife ihn: es wird deine Art sein, gegen das Leiden und die Ungerechtigkeit zu protestieren! Los, Alter! Spuck ihnen ins Gesicht! Sag ihnen: „Wenn das eure Art ist, das Leben zu sehen – vielen Dank, nicht für mich!" Sag ihnen:

„Wenn das die Vernunft, die Intelligenz ist, auf die ihr so stolz seid – nicht für mich!" Los, verzweifelter Alter! Sag ihnen, was dir weh tut! Fühlst du Angst, die anderen zu verlassen? Etwa Scham?"

Aber der Alte blieb regungslos liegen und weigerte sich, ihn anzuhören.

Eines Nachts wurde Michael von neuem durch einen Mordversuch aufgeschreckt: der Ungeduldige hatte sich auf den Schweigsamen gestürzt und drosselte ihm wütend den Hals ab. „Gib mir den Brief! Ich weiß, daß du ihn hast! Drum machst du auch den Mund nicht auf! Raus mit ihm!"

Das Gesicht des jungen Mannes war blau angelaufen, die Augen traten ihm aus dem Kopf. Er verteidigte sich nicht und machte keine Anstrengungen, den Würger abzuschütteln. Wäre Michael zwei Minuten später aufgewacht, er hätte einen Toten vorgefunden. Mit überraschender Willenskraft sprang er auf und versuchte die beiden zu trennen. Aber der andere besaß die Kräfte eines rasenden Tieres. Seine Finger, wie Zangen um den fremden Hals verkrallt, gaben nicht nach. Da Michael keine Zeit zu verlieren hatte, nahm er den Hals des Angreifers in seine Hände und drückte ihn, er preßte fester und immer fester, bis der Mörder endlich seine Beute freigab.

Michael hätte sofort loslassen sollen, preßte aber noch den

Bruchteil einer Sekunde weiter: seine Finger gehorchten ihm nicht mehr. Dann zuckte er zusammen und ließ den leblosen Körper fallen.

In jener Nacht tat Michael kein Auge zu. Pedro besuchte ihn. Er schien diesmal trauriger als gewöhnlich. Und besorgter. Er ist tot oder verhaftet, dachte Michael.

„Du hast einen Menschen gerettet, Brüderchen. Ich bin stolz auf dich."
„Ich habe einen Leib gerettet. Einen Leib mit entschlafenem Geist, mit toter, erloschener Seele. Ich bin nicht stolz darauf."
„Rette seine Seele. Du kannst es."
„Nein, Pedro. Ich bin nicht mehr dazu imstande. Auch ich schwinde hin. Soeben habe ich fast getötet. Mein ganzes Sein saugt den Wahnsinn und die Nacht auf. Ich habe den Eindruck, daß das ganze Weltall wahnsinnig geworden ist. Hier und überall." Pedro lächelte: er erinnerte sich an etwas.
„Du lächelst, Pedro, und ich bin dabei, wahnsinnig zu werden. Meine Kräfte verlassen mich. Ich bin am Ende. Ich kann nicht mehr. Ich bin allein. Um meine Klarsicht zu bewahren, brauche ich ein Gegenüber. Sonst wird auch sie vermodern, nach Schimmel riechen, sich winden wie die Schlange, die die Erde und den Tod fühlt."
Pedro lächelte noch immer:
„Das ist genau das, was ich von dir will: die Welt von neuem schaffen. Gib dem Jungen die Vernunft zurück. Heile ihn. Und er wird dich retten."
Pedro war ohne seine Pfeife gekommen. Wahrscheinlich war er verhaftet oder tot. Sonst hätte er sie bei sich gehabt. Sollte ich ihm die Frage unmittelbar stellen? Ich hatte Angst. Ich wollte ihn nicht sagen hören: ‚Ich bin verhaftet.' oder: ‚Ich bin tot.'
Ich ließ ihn daher ungehindert weiterreden. Er sagte: „Allein gültig ist eine Haltung, ein Protest, der auf dem zerbrechlichen Gebiet des Menschlichen fußt; nur indem man Mensch bleibt – trotz Versuchungen und inneren Demütigungen –, bietet man dem anderen – wer er auch sein mag – die Stirn. Der Ungeduldige, der einen Brief erwartet, den niemand ihm schicken wird,

was beweist er? Gar nichts. Sein Verhalten – so tragisch es sein mag – ist ebenso belanglos, ebenso unfruchtbar wie eine Maschine im Leerlauf. Es ist falsch, die Freiheit nur im Wahnsinn zu sehen: er mag Befreiung sein, Freiheit ist er nicht."

Michael erlebte den Anbruch des Tages als neuer Mensch. Seine Kräfte kehrten zurück. Plötzlich fühlte er sich für ein Leben verantwortlich, das mit dem des ganzen Menschengeschlechts verschmolz. Er würde die Erschaffung der Welt neu vom Nullpunkt an beginnen. Gott Abrahams und Adams, ich flehe dich an, sei nicht ‚dagegen'.

Durch Zufall wurde der Ungeduldige in eine andere Zelle versetzt, und Michael blieb mit seinem Schützling allein. Eilends wechselte er die Ecke. Augenblicklich bewohnte er den von Menachem freigelassenen Platz.

In den ersten Tagen drückte er sich nur durch Gebärden, dann durch Blicke aus; schließlich machte er vom Wort Gebrauch. Wichtig war, einen Austausch, eine Beziehung – gleichviel welcher Ordnung – anzubahnen.

Am Morgen – vielleicht auch am Abend – wartete er darauf, bis der Junge seinen Kaffee getrunken hatte, um ihm den seinen zu geben. Mit abwesender Miene nahm der junge Mann den Becher entgegen und leerte ihn mechanisch. Am vierten oder fünften Tag bewahrte Michael mit angehaltenem Atem seine Ration auf und wartete: Mißerfolg oder Erfolg? Er hatte Erfolg. Der andere streckte wie ein Blinder die Hand nach etwas aus, das ihm gehörte. Es war eine Geste, die Michael tief ergriff.

Einige Tage später ging er noch weiter: als der Wärter zwei Becher Kaffee brachte, nahm Michael sie an sich und versteckte sie hinter seinem Rücken. Der Junge streckte zuerst die rechte, dann die linke Hand aus. Michael zögerte nicht und sah aufmerksam zu: würde das Leben in jenes Gesicht, in jene Blicke dringen? Einen Augenblick lang geschah nichts. Alles wurde regungslos. Die Erde hörte auf zu kreisen, das Blut, zum Herzen zu fließen, das Herz zu schlagen.

Dann zerbarst der Stein. Ein Lichtschimmer – der erste – zerriß das Trübe des Blicks und ließ menschlichen Durst, menschliches Leiden, menschliches Fragen ahnen: „Warum quälen Sie mich?"

Mit Tränen in den Augen reichte Michael ihm das noch dampfende Getränk.

Er wiederholte den gleichen Vorgang mit dem Brot, mit dem Wasser und mit der Suppe. Die Reaktionen des jungen Mannes wurden rascher, genauer. Nach einer gewissen Zeit antwortete sein Körper auf Michaels Fragen: ja, ich habe Durst, ja, ich habe Hunger, ja, ich brauche dich, um zu essen, um zu trinken. Zwar beschränkte sich die Sprache vorläufig auf die tierische, körperliche Ebene, Michael war jedoch voller Hoffnung, daß alles andere nachfolgen würde. Bisher war es ihm gelungen, eine Mauer, die der Sinne, zu durchbrechen, so daß der junge Mann wenigstens seiner Gegenwart bewußt wurde. Als erstes Ergebnis war das nicht zu verachten. Indessen brachte der Kampf, weit entfernt, beendet zu sein, Schwierigkeiten mit sich, für deren Überwindung Michael nur mit sich selber rechnen konnte.

Bisweilen war Michael nahe daran, den Mut zu verlieren: werde ich eines Tages diese Mauer, dieses Dunkel durchstoßen können? Dieser junge Mensch hat eine Vergangenheit: werde ich sie kennenlernen? Sein Schweigen bringt Freuden, Befürchtungen, Hoffnungen, Küsse von Frauen und Demütigungen, die ihm Erwachsene zugefügt haben. Wird er sich mir öffnen? Michael wußte nichts von alledem mit Ausnahme dessen, was seine Augen ihm vermitteln konnten: konnte er sprechen, begreifen? Hatte er einen Namen? Hatte er jemals ein Ich gehabt?

Michael ließ nicht locker. Die ihm zur Verfügung stehenden Mittel waren bescheiden. Höhlenmenschen besaßen mehr. Er verfügte nicht einmal über ein Stückchen Eisen, über einen spitzen Stein, um Bilder an die Wand zu malen. Michael verlor jedoch nicht den Mut. Ich habe zwar nichts, aber wenn schon? Ich werde mit meinen bloßen Händen die Nacht verscheuchen, ich werde die schwarze Spinne töten, die unser Schweigen versiegelt.

Sobald er wußte, daß der junge Mann ihn sah, wurde er ein anderer.

Um ein Beispiel zu geben, tanzte und lachte er, schlug er in die Hände, zerkratzte er sich mit seinen schmutzigen Fingernägeln, machte er Grimassen, streckte er die Zunge heraus: er mußte dem anderen zeigen, daß Mensch sein auch das bedeutete.

Nun redete er den ganzen Tag, sang ganze Abende lang. Er erzählte ihm traurige Geschichten und ließ seinen Tränen freien Lauf: wenn man Kummer hat, weint man. Er erzählte ihm erotische, ja unzüchtige Erlebnisse, während seine Wangen glühten wie zwei Fackeln in der Abenddämmerung: Begierde ist Feuer und Kraft. Er berichtete ihm von komischen Abenteuern, die er erlebt oder gehört hatte, und lachte schallend: Lachen ist eine Waffe.

Der junge Mann hörte gehorsam zu, starr wie ein Standbild, das jedem Ansturm widersteht. Michaels Worte, Tränen, Grimassen prallten an ihm ab und fielen wie tote Vögel herab.

Häufig war Michael am Rand eines Nervenzusammenbruchs, dann packte er, hochrot vor Zorn und mit blitzenden Augen, den Jungen, hämmerte ihm auf die Brust oder schüttelte ihn an den Schultern, bis beide völlig außer Atem waren.

„Wach auf, wach in Gottes Namen auf! Es ist unsere einzige Chance! Einer von uns wird gewinnen! Wenn ich's nicht bin, sind wir verloren! Hörst du mich?"

Vergebens. Der Junge blieb mit gesträubten Haaren stumm und atmete die Luft einer anderen Welt.

Michael weinte vor ohnmächtiger Wut.

„Hilf mir, du Unmensch! Streng dich an! Reiß dich zusammen!"

Unerschütterlich blickte der andere ihn an, als ginge das Ganze ihn nicht das geringste an.

Einmal riß Michael ihm gewaltsam den Mund auf und stemmte ihn mit beiden Händen auseinander:

„Sag was! Sprich! Nur ein Wort! Mach den Mund auf!"

Der andere rührte sich nicht. Hatte er Schmerzen, so ließ er es sich jedenfalls nicht anmerken. Seine Augen durchdrangen Michael, als sähen sie ihn nicht.

„Sag wenigstens deinen Namen!" schrie Michael ihn zähneknirschend an: „Ich bin Michael! Hörst du mich? Mi-cha-el!

Paß auf, sieh auf meine Lippen: Mi-cha-el! Und du, wer bist du? Wie ist dein Name? Hilf mir, sage ich. Es ist verrückt, ich weiß, aber da kann man nichts machen. Du bist verrückt, ich bin es nicht, und du kannst uns retten. Drum rühr dich! Gib mir die Hand, ich bitte dich, Herr des Himmels! Wie ist dein Name?"

Verlorene Liebesmüh, vergeblicher Zorn. Der Junge bewohnte ein Reich, zu dem Michael keinen Zugang hatte. Wo er war, taten Folter und Liebkosung kaum eine Wirkung. Michael wappnete sich daher mit neuer Geduld. Er durfte unter keinen Umständen lockerlassen.

Der Tag, an dem der Junge mit einemmal Arabesken in die Luft zeichnete, war einer der glücklichsten in Michaels Leben. Seine Augen füllten sich mit Tränen. Somit war nicht alles rettungslos verloren und versandet. Er hätte am liebsten Gott auf den Knien gedankt. Er tat es indes nicht, sondern nahm die Hand des Jungen in die seine, drückte sie stark, sehr stark und murmelte gerührt: „Danke, Freund. Danke." Zwar verharrte seine Intelligenz, seine Persönlichkeit noch im Nebel, aber Michael wurde schon zuversichtlicher.

Nun sprach er mehr, als wolle er im Innern des anderen Gedanken und Werte bis zu dessen Erwachen anhäufen. Michael verglich sich mit einem Landarbeiter: Monate trennen die Saat von der Ernte. Im Augenblick säte er.

„In diesem Augenblick, mein Junge, gibt es in der Welt Paare, die sich zu umarmen glauben, andere, die sich wirklich umarmen; Herzen, die stark schlagen, weil sie bei einem Menschen sein möchten, der soeben abgereist ist. In der wilden Landschaft eines Landes, das erwacht oder entschlummert, gibt es eine Frau – wer sie auch sein mag –, die man aus irgendeinem Grunde steinigt und die keine Verteidigung gegen die Menschen hat. Es gibt einen Menschen – wer es auch sein mag –, den man aufgibt, was auch der Gegenstand seiner Forderung sein mag, und der nichts mehr von den Menschen erwarten kann. Trotzdem sage ich dir: die Freundschaft existiert, sie entsteht und überträgt sich wie eine kostbare Geheimformel von Herz zu Herz, von Mund zu Mund.

Ich weiß: die Wege der Seele, verschlungen wie sie sind, kennen oft nur die Nacht – eine weite, nackte Nacht ohne Landschaft. Und trotzdem sage ich dir: man entkommt ihr. Die schönsten Werke verdanken ihre Entstehung dieser Nacht.

Ich weiß, mein Junge: es ist nicht leicht, ewig unter dem Zeichen der Frage zu leben. Aber wer behauptet, daß die wesentliche Frage ihre Antwort finden kann? Das Wesen des Menschen besteht darin, Frage zu sein, und das Wesen der Frage besteht darin, ohne Antwort zu sein.

Aber sagen: ‚Was, Herr? Was, Welt? Was, Freund?' heißt bejahen, daß ich jemanden habe, mit dem ich sprechen, den ich bitten kann, mir eine Richtung zu weisen. Die Tiefe, der Sinn, das Salz des Menschen besteht darin, die Frage immer mehr von innen her zu stellen, das Dasein einer von ihm ungewußten Antwort immer inniger zu fühlen.

Der Mensch hat das Recht, das Leben, sein Leben, aufs Spiel zu setzen; er braucht sich deshalb noch nicht mit dem Schicksal verbündet zu haben, um seine tiefe Bedeutung zu bewahren. Er muß wagen, er kann wagen, dem Schicksal entgegenzutreten, zu begreifen suchen, was es fordert; er muß immer wieder seine Frage stellen, immer wieder die Augen zum anderen, zum Freund erheben: wenn zwei Fragen einander gegenüberstehen, ist es schon viel. Es ist schon ein Sieg. Die Frage, die Forderung, der Schrei, das Weh in der Seele, im Blick verlöschen nicht.

Was ich dir sage, was ich dir hier übermittle, mein Junge, stammt von einem Freund – dem einzigen, den ich gehabt habe. Er ist tot oder auch verhaftet. Er hat mich die Kunst und die Notwendigkeit gelehrt, mich am Menschlichen festzuklammern, das Menschliche nie aufzugeben. Wer den Engel spielen will, macht nur Grimassen.

Im Innern des Menschen finden wir unsere Frage und die Kräfte, sie einzukreisen oder aber sie zu verallgemeinern. In eine Art von Nirwana flüchten – sei es die verstandesmäßige Gleichgültigkeit oder die krankhafte Unempfindlichkeit – heißt sich dem Menschen auf die ungereimteste, nutzloseste und bequemste Weise entgegenstellen. Der Mensch ist nur Mensch unter Menschen. Es ist schwieriger, ein Mensch zu bleiben, als sich zu übertreffen suchen. Wähle diese Schwierigkeit. Sag dir, daß selbst Gott sich vor dem selbstgeschaffenen Bild schwach fühlt.

Gleichgültig sein – gleichviel aus welchem Anlaß – heißt nicht nur die Gültigkeit, sondern auch die Schönheit der Existenz leugnen. Verrate, und du bist Mensch, quäle deinen Nächsten, und du bist noch immer Mensch. Das Böse ist menschlich, die Schwäche ist menschlich, aber die Gleichgültigkeit ist es nicht.

Man wird dir zweifellos sagen, daß die anderen nur spielen und sich verkleiden. Und wenn? Spring auf die Bühne, geselle dich zu den Schauspielern und spiele mit. Bleib nicht am Fenster stehen. Gib dein Versteck auf, aber suche nicht Höhen zu erreichen, wenn du dich dadurch von Kindern entfernst, die Durst haben, und von Müttern, die keinen Tropfen Milch in ihren Brüsten haben. Die wahren Höhen sind wie die wahren Tiefen: du findest sie unter uns, in der schlichten, reinen Zwiesprache, in einem Blick, der angefüllt ist mit Sein.

Eines Tages wird das Eis brechen, und du wirst lächeln: das wird für mich der Beweis unserer Kraft, unseres Paktes sein. Dann wirst du dich schütteln, die Schatten werden von dir abfallen wie das Fieber von einem Kranken. Du wirst die Augen öffnen und dir sagen: ‚Ich fühle mich besser, mein Leiden ist von mir gewichen, ich bin ein anderer geworden.' Du wirst mir deinen Namen nennen und mich fragen: ‚Wer bist du?' Und ich werde antworten: ‚ Ich bin Pedro.' Das wird ein Beweis dafür sein, daß der Mensch über sich selbst hinaus lebt und sich weitergibt. Später, in einem anderen Gefängnis, wird jemand dich nach deinem Namen fragen, und du wirst antworten: ‚Ich bin Michael.' Dann wirst du den einzig wahren Geschmack des Sieges kennengelernt haben."

Michael war am Ende seiner Kräfte. Vor ihm wich die Nacht wie ein Berg vor der Morgenröte.

Der andere trug den biblischen Namen Elieser, das bedeutet: *Gott hat mein Gebet erhört.*

Die Legende berichtet, der Mensch habe eines Tages folgendermaßen zu Gott gesprochen:
„Laß uns die Rollen vertauschen. Sei du Mensch, und ich will Gott sein. Nur eine Sekunde lang."
Gott lächelte sanft und fragte:
„Hast du keine Angst?"
„Nein. Und du?"
„Ich habe Angst", sagte Gott.
Trotzdem gab Er dem Wunsche des Menschen nach und wurde Mensch. Dieser nahm den Platz Gottes ein und machte unverzüglich von seiner Allmacht Gebrauch: er weigerte sich, an seinen vorigen Platz zurückzukehren. Daher waren weder Gott noch der Mensch mehr das, was sie zu sein schienen.
Jahre vergingen, Jahrhunderte, vielleicht auch Ewigkeiten. Und dann plötzlich war das Drama da. Die Vergangenheit war für den einen, die Gegenwart für den anderen eine zu große Last.
Da aber die Befreiung des einen an die des anderen geknüpft war, nahmen sie ihre Zwiesprache wieder auf, deren Echo in der Nacht zu uns dringt, voll von Haß, von Reue und vor allem von unendlicher Sehnsucht.